张光直作品系列

考 古 学
关于其若干基本概念和理论的再思考

Rethinking Archaeology

张光直 著　曹兵武 译　陈星灿 校

生活·讀書·新知 三联书店

Copyright © 2013 by SDX Joint Publishing Company.
All Rights Reserved.

本作品中文版权由生活・读书・新知三联书店所有。
未经许可，不得翻印。

图书在版编目（CIP）数据

考古学：关于其若干基本概念和理论的再思考/张光直著；曹兵武译；陈星灿校．—北京：生活・读书・新知三联书店，2013.1（2024.3 重印）
（张光直作品系列）
ISBN 978-7-108-04177-7

Ⅰ.①考⋯ Ⅱ.①张⋯②曹⋯ Ⅲ.①考古学－研究 Ⅳ.① K85

中国版本图书馆 CIP 数据核字（2012）第 181809 号

责任编辑	孙晓林
封扉设计	蔡立国
责任印制	董 欢
出版发行	生活・讀書・新知 三联书店
	（北京市东城区美术馆东街 22 号）
邮 编	100010
经 销	新华书店
印 刷	河北鹏润印刷有限公司
版 次	2013 年 1 月北京第 1 版
	2024 年 3 月北京第 4 次印刷
开 本	880 毫米 × 1230 毫米 1/32 印张 4.75
字 数	105 千字
印 数	11,001-13,000 册
定 价	59.00 元

在哈佛大学人类学系读书期间,1959年

与李卉在美国西南部Point of Pines 考古遗址观察出土遗物，1958年

出席奥地利"通向城市之路：考古学的考察"国际会议，1960年

在耶鲁大学时期的住宅(1963—1977),康省纽黑文,1966年

与家人在耶鲁大学自宅前合影,1966年
左起:子张伯赓、妻李卉、女张仲棋、张光直

目 录

弗雷德序 1
前　言 1

第一章　再思考古学 1
第二章　时间与空间概念的再思考 14
第三章　聚落 32
第四章　微观环境 48
第五章　类型学与比较方法 58
第六章　考古结构与方法（之一） 73
第七章　考古结构与方法（之二） 90
第八章　集大成的考古学 103
第九章　考古学与现实世界 118

参考书目 130
译后记：考古学的灵魂　　　　　　　　曹兵武 140

弗雷德序

在中文里，我们可以找到好多个词汇来表示"再思"（rethinking）这个意思。

本书作者张光直先生曾经是国立台湾大学的考古与人类学系最早的毕业生，师从于著名学者李济先生，然后获得哈佛大学的博士学位并在耶鲁大学任教。由这样一位具有双重文化背景的学者来重新检讨考古学研究和分析方法的一些基本方面，自然是再合适不过了。

虽然张光直先生研究的兴趣和时空范围非常广泛，但是，相对而言，他更为关注他的祖国。他最近的一次发掘是在中国台湾进行的，这次发掘构成了本书的主要的例证部分，并且是一个对东亚和太平洋地区文化发展序列的传统观点的一个重新思考。

因此，我们很容易理解为什么张光直先生会对考古学理论的新发展表现出如此大的兴趣。作为一个终生都在文化的冲突中生存的学者，他比其大多数的美国同行对重新检讨考古学基本的思想、观点、方法和程式的意义更为敏感，因此，他一直在试图证明这些东西，这也正是他的特色。

我很高兴能将张光直先生的这本书收进这套丛书（Studies

in Anthropology）。事实上，张光直先生是第一个认同于本套丛书的宗旨的学者：不试图建议什么，而是力求在当代充满活力的学术氛围中，进行一种新的综合和突出重点的尝试。这和我们编辑这套丛书的初衷不谋而合，而正是这种观点促使丛书的作者们超越现状，探求未来。

莫尔顿·弗雷德（Morton H. Fried）

1966年6月于台北

前　言

在我看来，考古学是一门通过古代遗存来研究古代文化及文化史的学科。它既包括考古学家对考古遗存的揭示，也包括对认识结果的交流。因为在考古学中我们面对的是文化和社会中的人，所以，指导和左右考古学的方法和技巧的理论与历史学及人类学就有一些不同。考古学的研究对象既不是文字的记载，也不是可观察的人类的行为，因此，考古学的理论必须适应于考古学家用手铲挖出的古代的物质遗存。考古学实际上是一整套的技术和方法，有自己独特的理论，尽管这种理论或许只是历史学和人类学理论的考古学翻版。

一个理论体系必须既严密又充满着生命力。严密意味着符合逻辑并具有可行性；生命力意味着它是进化的，能够容纳新的东西并和其他的人类知识同步增长。由于考虑到考古学的进步离不开考古学家的思考，我没有冒昧地把本书叫做"考古学的进步"。考古学的进步和文化及社会的进步不同，每一次"再思"都会带来一个理论思维或认识上的"稳定态"，在时间的长河中，我们由一个"稳定态"到另一个"稳定态"，如果本书的标题"再思考古学"和那个被我们摒弃的——"考古学的进步"表明我不是原创性的，那仅仅是因为我想使考古学与它在人类学中的其他姊妹学科保持同步。

本书源自我1966年春季在耶鲁的一个题为"史前聚落的分析与比较"的人类学讲座。讲座的内容并不是考古学的导论，而是当时当地一个考古学家对考古学理论的思考。需要特别指出的是，正如我在本书第一章中解释的那样，本书的有些自负的标题并不意味着书中的一切都是再思的结果，我所表达是我所认为的什么是考古学理论最基本的东西，书中许多都是我的同事们已经思考过的东西。但是，尽管许多东西已经被他人说过，我省略了不必要的引经据典和对号入座工作，但本书的主要观点仍然要由作者自己来负责。需要强调的是，在过去的学术生涯里，我的观点已经发生了变化而且还会继续发生变化。自1960年我就开始开设这个讲座，而每讲一次，内容都会发生一些变化。因此，本书更确切的题目应当是"一个考古学家对考古学的再思：1966年"，如果上帝和出版社允许的话，为保持思考的连续性，也许同一题目的1969年、1975年甚至1984年本会源源不断地出现在您的眼前。

我对考古学理论的兴趣主要应归功于我的美国同行，但是我自己主要应是一个东亚考古学专家，因此在本书中我主要用东亚考古学的例子来说明我的观点。如果读者认为这些例子太陌生的话，另一方面它们也证明了我们这门学科的某种普遍性。

尽管所有对我的再思提供了帮助的人都已经出现在书后的参考文献当中，我还要特别提一下莫维斯（Hallam L. Movius）、威利（Jr. Gordon R. Willey）、罗斯（Irving Rouse）的名字，1965年秋季，我有幸听了罗斯的名为"史前史的解释模式"的讲座，曾经受到极大的启迪。但是罗斯并不必对本书的观点负任何责任，相反，我们常常因为观点不同而彼此争论。罗斯、科（Michael D. Coe)、考科林（Harold C. Conklin）曾经阅读过本书的初稿，并作了些有益的评论。我还要特别感谢那些参加了我的讲座并发表了热情的、发人深思的评论以及建设性的批评的学生们。怀德夫人（Mrs. Anne F. Wilde）对初稿的文字作了编辑和加工，莱庭顿小姐（Miss Ward Whittington）为本书绘制了插图。

我能够写出本书，在很大程度上应归功于小克林德·克拉克洪，他鼓励我在学术的道路上不断求索并对我许多幼稚的提问虚怀若谷。此时我比任何时候都更为怀念这个难得的学术上的评论者。我把这本书题献给他。

我很感谢弗雷德先生（Morton H. Fried）把本书收进"人类学研究"系列丛书。他阅读了本书的第一稿并帮助减少了许多错误。

张光直
1966年5月1日于纽黑文

第一章 再思考古学

本章的标题来自于人类学的启发。

利奇在《再思人类学》(Leach, 1961：1)中说，"为了很好地理解当今社会人类学中正在发生着什么，我相信我们有必要从初始出发，去重新思考一些基本的概念——像婚姻、世系、兄弟姐妹这些基本的语汇到底意味着什么——基本概念就是基本概念，我们对它们的理解根深蒂固且难以改变"，因此，再思实属必要。在考古学中，事情同样如此。

我对当代考古学语汇中的"新考古学"一词颇不感冒。任何现在所谓"老"的东西都曾经新过，而任何现在"新"的东西都注定要变老。称自己的考古学是新的，仅仅把自己同"老"的区别开来，丝毫无助于吸收和利用"老"的考古学。而"再思"却是一种推陈出新的、不断的、必要的学术性的精神操练。

美国当代考古学的情况到底怎么样？恐怕沃尔夫（Eric Wolf, 1964：68 - 69）的一段话最有代表性了：

> 新考古学将自己从搜集古代碎片和梦想复原被尘土与丛林深深掩埋的古代废墟的荣光中解脱出来，转向对古人的整个聚落的揭示；从机械地收集古代的物质文化的碎屑，

转向对整个古代人们共同体的重建,从而试图在考古学中抓住生态学中的群落和人类学中社会组织的对应体。

历史常给现在以启迪。为了明确考古学家在沃尔夫所说的转向中是否成功,以明确考古学史中的一些基本问题,我们有必要回顾一下什么是考古学中的基本问题以及考古学家如何处理它们。我的目的不是要对考古学史做一个全面的检讨,我也不打算涉及各种不同的观点,由于我的兴趣主要在于一般性的理论,我将只讨论那些和考古学一般理论发展相关的观点。也许我的看法不无偏颇,但是像斯泼尔丁(Albert C. Spaulding, 1953b:590)一样,我不同意"真理可以由在考古学家中进行民意测验来得到,考古学存在的目的就是为了使考古学家感到高兴"。

如果我只能谈一个问题,我将选择考古类型学这个概念及其运作。我认为20世纪考古学方法论发展的焦点是围绕着分类这个问题展开的,曾经有过两次明显的变化,一次是在本世纪30年代,考古学家由仅仅关注单一器物的类型到把它视为人类行为的遗存之一,换句话说,由简单分类、为分类而分类到复合分类;另一次变化尚未完结,这一次考古学家开始把一群考古遗存视作文化系统的一个构成部分,即由历史分类到系统分类。第二次变化主要发生在美国,但是它代表了当代考古学的主流,标志着考古遗存不再是目的本身,而是考古学家理解制造、使用、废弃它们的人的一种手段,更进一步说,这一变化代表了一种试图抓住可以更好地解释考古遗存的基本单位的理论趋势。

我们中的许多人非常陶醉于考古学中目前正在发生的一些

新变化。其实，要确切地理解这些变化或为之作出自己的贡献，我们必须很好地了解类型学中的第一次变化。对于我们这些在第二次世界大战以后成长起来的考古学家来说，要理解30年代和40年代罗斯、吉格尔和克拉克洪等所讨论的考古类型学的革命性意义，并不是一件容易的事，但是，正是他们当年的工作塑造了今天的考古学的面貌。

讨论任何事情都没有必要一定要穷根究底，也没有必要一定要和当时的一般知识状况挂钩，在人类学的框架里就足以理解考古学中发生了什么和正在发生什么。前面所说的考古学的变化大约要追溯到30年代，因为这个时候，美国的人类学家才开始逐渐走出博厄斯学派的影响。实际上，由于面对的是印第安人的遗存，由于不断地亲眼看着这些遗存是怎样由人类学资料转变为考古遗存，美国的考古学家从来就没有把自己和民族学家彻底地区分开来。当威利和菲力浦斯说"美国的考古学要么是人类学，要么什么也不是"（Cordon Willey and Philip Phillips，1958：2）时，他们实际上说出的是美国数代考古学家的心声。尽管美国考古学从来就不缺乏关注古代遗存的行为特征的传统，但是，将它作为一种整体的方法的思想则是来自旧大陆的，而且它后来的发展也没有彻底脱离旧大陆的古物学的臼巢。"整个19世纪的考古学都有一种倾向，那就是把古物仅仅看做是古物——古代留下的物质的遗存，无论是世纪之初人们把这种遗存作为艺术的对象，还是世纪之末将之视为日常生活的一般性遗存。"（Daniel，1950：302）到本世纪初，才有人尝试着去"研究这些古物的出土背景，比如它们相互间的地理与生态关系，或记录一类古物的分布模式或同一时期的古物的分布模式"（Daniel，1950：302 - 303）。这些充其量也只能是古物学的进一步延伸或观察古物的参照系的放大，考古学的核心概念除了古物还是古物。

第一个对这些基本问题提出质疑的是克拉克洪。他在一篇至今仍很有影响的文章《中美洲研究的概念结构》（Kluckhohn, 1940）中，提请考古学家思考这些问题：

> 首先，我想讨论一下对我以下的分析至关重要的两个前提性的概念。第一是，在丰富我们有关人类的经验时，考古学家和民族学家都希望自己的工作更"学术"些，至少在运作上更"学术"些；第二是，在任何一种学术运作中，都存在推理或概念的和事实的这两种因素。以玛雅考古学家为例，他们不能只对考古遗存本身感兴趣，考古遗存自身并不能说明什么，它们只是在某一前提下满足了我们的求知欲望。搜集、分析和综合所有的比如说与太阳历法有关的考古资料之所以是有意义的，是因为它或多或少都有利于我们理解人类的行为或历史……如果不按照这种方式来搜集和安排这些资料，它们对丰富人类的知识将是无用的。（42页）

研究人员难道可以不需要获得社会的支持而仅仅只限于关心一小部分人的求知的兴趣吗？如果考古学家和民族学家不顾及这些问题，情况又会怎样呢？事实表明基金会和其他的科研支持者已开始注意这些问题。就我个人来说，我怀疑如果考古学家不把他们的工作作为理解人类行为的努力的组成部分，他们将会成为赫胥黎笔下那个终其一生都在研究叉子的三个齿的发展历史的古怪的人物了。

自三十多年前克拉克洪写下上述这段话以来，中美洲研究的形势已经发生了巨大的变化，但在某些情况下，克拉克洪的话至今仍然足以引起当代学者的一些共鸣。克拉克洪没有提出解决问题的良方，但是他主张方法和理论必须系统、有效和严密，在这一点上，克拉克洪不但说出了自己的想法，而且代表了他所在的时代。正如他所指出的，在考古学中，人们正在两个方向上进行系统、有效和严密的努力，一个是类型学的概念体系，一个是对考古遗存之功能的缀合性研究。

类型学作为考古学家建立年代序列的一种手段，在旧大陆有相当长的历史（Gorodzov, 1933；Clark, 1957：134-138）。但鲜为旧大陆学者所知的是，美国考古学家由于和其研究的对象间不存在历史的渊源关系，为了解决考古遗存的年代问题，很早就发展了相当成熟和系统的类型学。本世纪30年代，美国的许多地方——先是西南部（Gladwin, Winifred, and Harold, 1934），然后是中西部（McKern, 1939）、东南部（Ford, 1948），与年代学相关的考古类型学就已经非常发达，对分类问题的诸多理论概念也已多有涉及：

> 在考古学中……虽然陶片分类的方法、技术及操作已很熟稔，但是，我注意到只有一个俄国人的文章不太直接地讨论了类型学的应用问题……与此同时，类型学方法在很少顾及其概念和实际的人类行为之关系的情况下，得到了广泛的应用。（Kluckhohn, 1939：338）

这些抱怨成为批评考古学家的一种理由。1939年，罗斯发表了被誉为"第一本建立了有关古代遗物的系统科学"（Bennett，1943：218）的《史前海地：作为一种研究的方法》（Rouse，1939）。在本书中，罗斯在有关系统的概念体系中，谨慎地探讨了类型（type）、风格（mode）和过程（process）三个至关重要的概念，并由此引出了以下的思考：（1）文化不等于文物，后者只是特定文化背景下古人行为的产物；（2）类型与风格可以反映左右古人行为的文化。类型是指器物制作者努力使其作品符合的形式；风格是一社群中影响器物制作者行为的一种审美标准；（3）遗物是具体的，类型和风格只是考古学家设置并认为可以代表古人思想的概念；（4）遗物很少具有历史意义，而对类型与风格则可作历史的研究；（5）在历史研究中，类型与风格在时间中的内在连续性和它们在空间上的差异性是同等重要的。

诸如此类的概念今天已经广为人知，在此，我就不必对此再多作说明了，但是，它们的提出的确是一种认识上的革命，开辟了一个全新的认识领域。将考古遗迹聚集起来进行分类，不是因为它们的确具有某种内在的共同特征，而是因为考古学家确信它们代表了古代人类某类相似的行为或思想，这样一来，这种考古分类的结果及其在时间和空间上的排列组合就具有了某种文化意义并成为文化史的一个构成部分。而类型学，由于它和人类行为甚至思想的这种关系，就成为研究人类行为甚至历史的一种系统的、具有内在连续性的严密的理论工具。

人类的行为是一个十分复杂的问题，不要说三十年前，即便是今天，我们也没有完全搞懂这个问题。什么是影响人类思想和行为的最重要的因素？考古遗物的形式怎样与人类的思想和行为相互关联？不但文化人类学家常常遇到这样的问题，现在，考古学家发现自己被同样深深地卷入诸如此类的问题。考古学家已经为探求类型学的奥秘作了许多尝试，而且还将继续不断地尝试下去。

令人高兴的是，在类型学的框架中，考古学家已经发现了遗物与人类的行为之间的某些关系。遗物被按照其物理的特性分为不同的、据信是具有文化意义的类，而这些不同的器物类型在时间与空间上的排列组合又恰恰表现了某些内在的、有规律的文化关系。考古遗物的这种很小的物理特性的变化被分为类型（type），一群类型代表文化演变的一个时期（foci）或阶段（phase），时期与阶段的递变形成了区域系列（regional sequences）、考古学文化（culture）或区域传统（tradition）甚至跨区域的大传统（co-tradition），这样，一个区域乃至一个大陆的文化史就可以通过对遗物特征进行分类的类型学方法重建起来。

当然，类型学并不是考古学家研究人类行为与历史惟一可用的方法。如果我们声称自己对人类的生活感兴趣，批评者就会问，为什么考古学不走出对器物形态的分类而更多地关注一下人本身呢？戈登·柴尔德对这个问题作了很好的回答，他说："把人类社会视为一个有机体的想法，对考古学家研究古代人类的物质遗存很有启发。"通过"文化"这一概念，考古学家由对古代遗存的机械研究上升为一门真正的人文科学：

> 文化并不是一个被考古学家借用的抽象的哲学概念，在考古学中，文化是一些可以观察的现象。考古学家常常会发现某些类型的工具、武器及装饰品等一起出现在某类墓葬或遗址中，与另外的墓葬及遗址的出土物迥然不同。民族学可以为这样的现象提供解释：文化是特定的人群在

特定的环境中集体适应的结果,而考古学家所看到的不同正是这种适应结果的具体体现,标志着把一个人群凝聚到一起的共同的社会传统。正是从这个角度说,考古学是一门人文科学而非自然科学。(Childe,1936:3)

从这种观点出发,柴尔德认为"对遗物进行分类是首先要搞清它们属于哪一个文化,因为我们希望搞清的时代是文化的时代而非遗物的时代",然后我们将试图把文化作为一个有机体而非死的化石来进行研究。

柴尔德的"文化"概念在后来的考古学中日益显赫起来,而且学者们的注意力逐渐由根据外部形态关系的分类转移到形态本身在社会经济系统中的功能上来(Tallgren,1937;Steward and Setzler,1938)。1948年,瓦特·泰勒的《考古学研究》(A Study of Archaeology)把这种新的趋势推到了一个高峰。泰勒的观点在当时的学术界掀起一阵惊涛,但他的姿势而非观点更令人侧目,发人深思。最近,宾福德和朗艾可的同为《作为人类学的考古学》(Archaeology as Anthropology)的论文代表了这种理论思潮的一次现代翻版。在考古学史上,对考古遗存进行功能研究的第一次真正的系统性尝试并对后世研究具有相当启发作用的,当推戈登·威利在秘鲁的维鲁河谷的聚落形态研究。"由于在相当大的程度上,聚落的形态是由文化的需要塑造而成的,所以,它们为对考古学文化进行功能性的解释提供了一个战略性的出发点。"(Willey,1953:1)

考古学上的功能主义者普遍持有这样一种观点,即只有在一个与人有关的系统中,考古学文化才能够被很好地理解,而仅仅靠翻来覆去地摆弄考古遗物是无济于事的。这种观点使考古学与民族学成为一对孪生姐妹，因为民族学可以为与人有关的功能性系统提供信息、模式及方法上的借鉴，而泰勒的《考古学研究》为如此这般地组织考古学材料提供了一个完整、严密的可以接受的体系。然而，由于泰勒的著作在处理他所倡导的"缀合性研究"与分类研究之间的关系时所持的模棱两可的态度，他的体系并未获得应有的普遍的赞同。对考古遗存进行类型学研究是考古学的入手之处，而且已被整个的考古学史证明是行之有效的，没有人会因为有人说考古学的目标是对过去的社会文化系统进行缀合式的或人类学式的复原，而类型学并不能独立地担当起这个神圣的使命，就彻底地摒弃类型学的方法。

当然，对类型学的强调并不必然意味着考古学家一定要放弃功能主义的观点，或放弃试图将两者关联起来的努力。这种努力之一就是将考古学研究区分为若干个"层次"（"level"，E. MacWhite，1956）。对遗迹包括遗物的分类是其中最低的一个层次，而基于这个层次的解释则具有最大的可信性；越是接近社会文化系统，研究的抽象性就越大，涉及的方法也越多，研究结果的可信性也就越小。这种整合的尝试当然是相当简单粗糙的，在这种观点中，器物及其分类是最具体、稳定和可靠的，由此出发，我们可以研究它们的起源、接触、贸易、传播交流等具有可视性的历史问题，而那些有兴趣超越器物并进而进行社会文化系统的重建的人，也尽可以放手为之。

一种更成熟的尝试是对分类单位作民族学的解释。"现在，我们发掘的目的不仅仅是为了获取遗物，也是为了尽可能多地了解居住于被发掘的遗址中的那群人"（Rouse，1965：2），在此，每一群人被定义为"一群特征"，而"每一群特征都只是这群人的文化的一小部分，在某种情况下，我们对其文化的了解仅只限于这些特征；在另外的情况下，我们却可能获得有关该文化的其他一些信息，但是无论如何，我们都不可能复原史前人类的整个文化"（Rouse，1965：5）。上述观点不但承认器物是为人所用的，同时也暗示着考古学从物见人是可行的，如果根据器物特征所做的分类可以反映其制作者——人的某些信息，那么，类型学与功能主义或许就可以殊途同归了。

那么，存在的问题是：究竟什么是考古学概念体系和研究操作中最基本的单位？在美国考古学家最近的工作中，普遍的看法是这个基本的单位必须从功能主义角度来界定。下面的这句话可被视为这一看法的典型概括："考古学研究的基本单位应该是遗物。"（Wauchope，1956：36）如果我们研究的目的就是遗物或遗物本身可以透露的信息，这个问题自然无须多说。但是，如果我们想了解的是人及其行为，那么，遗物就只能是达到目的的手段，此时，遗物是我们面对的直接的材料，分类是我们的基本方法，而考古研究的基本单位必须在另一层次上以更贴近人的概念来表达。正如本耐特（John Bennett，1943：219）所说："如果要以功能主义的眼光来观察考古材料，就必须有一套新的概念体系……就像其他社会科学工作者面对材料时所作的那样，这种区别是至关重要的。"

类型学有一系列的"描述单位"，"类型学的分类对任何研究都具有模棱两可之处，研究问题的不同的抽象程度和所选取的分类结果的适用性在很大程度上会影响解释的结果。"（Ehrich，1950：469）由于考古遗物是人类行为的产物，因此，要研究人的行为和历史，就不能仅仅根据一种基于器物形态的分类来行事，考古学的分类单位必须是既适合于人的社会文化行为，又具有考古学的操作性。

如果考古学家坚持认为必须从内视角的角度（即站在研究对象的角度，在人类学中成为主位研究法）来研究考古遗存，这样一个分类单位就永远隐晦不明。那么，这所谓的内视角之"内"指的是什么呢？那无外乎是指古代的人、遗址、柴尔德式的文化或社会文化系统。上述观点的确是值得重新检讨的，因为考古学家从来就没有从理论上廓清以下两点：（1）考古学研究的基本单位必须是从现象出发，而不是对遗物进行研究之后的抽象概括；（2）用于器物分类或特征描述的概念必须可运用于基于人的行为和生活现实概括出来的考古学的基本研究单位。

数年以前，我曾经提出过一套"区分和界定考古学文化体现的社会群体（Social Group，可简称'社群'）的方法和程序，其前提是我们必须首先把考古遗址视为一个地方性的社会群体而不是文化或时期，因为文化是抽象的，而社群是具体的"（Chang，1958：324）。对人类行为最具影响、在考古学最具普遍性的最基本的——一个营地、村庄或者城镇，恰恰为其中居民的日常生活提供了一个最基本的框架。当然，其他层次的社群同样是十分重要的概念，但是，如果要以一个社群作为整个学科的出发点，我们就必须设法避免我们的民族学同行在这一概念上所面对的那么多争论，因为在民族学上，社群主要是基于血缘关系来划分的，而这在考古学上并无可操作性，因此我建议，考古学家可以用"聚落"（Settlement）径指社群。

聚落不是一个用逻辑抽象出来的概念，也不能用一连串的器物特征来代表它，相反，聚落由一系列以特定方式被遗弃于特定空间的文化遗物所构成，是一个考古学可以处理的经验性的实体。我将在后边专辟一章来讨论聚落的定义问题（见第三章），并重新检讨考古学上关于时间与空间的基本概念（第二章）。在此，让我们姑且先把聚落当作一个具有行为意义的考古学的基本单位——就像转换语言学中的一个句子、生物学中的一个活体、物理学中的一个原子或化学中的一个分子一样。

这样一来，整个类型学的概念体系就必须作出相应的调整。基于单一器物（不管它们是放在其他器物中或是孤立地被加以讨论）的类型学与根据器物在背景中的特点所做的分类肯定会有所不同，但更重要的是，应当存在一种跨文化的类型，它在相关的遗址中都应当能够得到体现。

> 文化是人类行为的一整套模式，这套模式无论是在具体的研究操作中还是在文化的内在需要上，都是一直应当得到体现的。（Kluckhohn, 1960: 13）

如果说聚落在上面的句子中就是指"一群人"，那么，基于文化的聚落的分类就必须能够和其他文化中人类行为的同等单位相比较才行。克拉克洪虽然曾经不无悲观地说："文化人类学中至今还没有一个可以和语言学中的音节和词素相对应的超文化的基本概念。"但他已经认识到，"语言学家在符号学中所运用的二律背反与同一律，不妨在文化研究中一试"（Kluckhohn, 1960: 137）。因此，"沿着语言学比较分类的路线不断探索而不是生搬硬套比较对象的度量单位，才是获得正确的文化比较单位的合理出路"（Kluckhohn, 1960: 138）。

在寻找跨文化比较的基本单位时，虽然考古学家无意参与，但却可以作出很大的贡献。因为考古学研究从来都不会停留在单一的遗址中,考古学一直都是在不同的器物组合中进行不断的比较的——这种比较既包括不同的时间,也包括不同的地点。在比较中,考古学家往往只选择那些可以比较并能够通过比较获得历史信息的单位来进行比较,而那些不相关的单位则逐渐被予以淘汰,最终剩下那些以某种模式体现了时空连续性的单位并形成了以下的看法:

> 问题在于找到能够发现意义的办法。这些办法可以把那些与某些特定分类有关的现象与这些类型的标志性特征区分开来……只有这样,我们才能够发现既可以确定文化的部分特征,又能够确定其整体模式的组织方法。要达到这一点,我们就必须像语言学家那样,找到那个有意义的结点,然后在复杂系统的不同层次上区分研究的基本单位。(Kluckhohn, 1960: 138 – 139)

不幸的是,作为一个老资格的考古学家,克拉克洪没有进一步指出,这些实际上正是考古学家划分类型和选择分类标志的操作原则,而这也足以说明为什么考古类型学在绝大多数情况下都是行之有效的。

上面这些话语并没有表明我偏离了聚落这个正题。遗物是定义聚落的一个十分重要的方面,对其分类与聚落的分类有许多相重合的地方,但是,无论从理论上还是实践上,一种局部性的概念体系都无法替代整个的体系,因此,我们必须进行整体性的再思。

第二章 时间与空间概念的再思考

阿尔伯特·斯泡尔丁（Spaulding，1960a：439）曾经指出："简单地说，考古学是一门研究古代遗存的形式、时间及空间分布规律的科学。"遗存的形式必然与其内容有关，我们将在后面专门讨论这个问题，在本章里，我将集中探讨时间和空间两个概念。

在斯泡尔丁的深刻洞见之外，威利和菲力浦斯在《美国考古学的方法与理论》（Willey and Phillips，1958）的第一章、乔治·库布勒在《时间的形状》（Kubler，1962）中也涉及过这两个问题。除此之外，在卷帙浩繁的考古学文献中，似乎再也没有关于时间与空间的深刻的理论性的阐述了。如果我们问："时间与空间是什么？"我想，答案可能会既快捷又简单，但是，如果我们想更深入地思考一下这些概念的本质性意义，我们会发现，它们实在是太基本了，基本到人人都认为它们是理所当然而变得熟视无睹。但是，我们还是有必要重新思考一下这些基本的问题。

首先需要强调的是，在此，我们并无意于讨论时间与空间问题的哲学意义，我们不会超出已经指导并将继续指导着人类行为的牛顿的经典物理学的范畴，而只是探讨一下这些概念对我们研究史前文化及文化史的实践意义。

时间与空间的概念是不可分割的，但是就考古学来说，它们并非一个硬币的两个不同的面。考古学上的空间既是一个经验性的实体，也是一种对过去的经验实体的重建；而考古学上的时间，则是考古学家手中相对于科学时间的一种工具，它与经验实体及史前人都没有什么内在的联系。上述观点有待于进一步的解释和证明，那么就让我们先从空间这个概念开始吧。

空　间

空间绝对是经验性的。考古遗物被发掘出来时，都必须用"探方中的三维坐标——纬度、经度及深度来标明它的惟一性的位置"（Spaulding，1960a：446），这个坐标点就是这件遗物在被发现和发掘时的确切的空间地点。"一件遗物一旦出土，它的出土地点就必须被精确地记录下来，这个地点和遗物本身就具有了同样重要的意义。"

遗物的这个精确的空间地点为考古学家确定它和其他的意义实体——另外的遗物、发掘的记录原点、遗址周围固定的自然景观等等之间的距离提供了必要的依据，而通过它们相互间的距离，考古学家可以进一步去探讨这些距离的性质和意义。

上面所说的距离是一种经验实体，而其性质又可被用于重建另外的有关过去的经验实体。让我们用一只陶杯和一柄剑——两个具体的考古实物来做例子。两者间的平面距离是 2 英尺，垂直距离是 6 英寸，它们距离发掘的记录原点在水平与垂直上的距离分别为数英寸与数英尺。对于两者间的关系来说，没有什么信息比"2英尺"和"6英寸"更加重要。但是其他的信息却可以帮助我们判断"2英尺"和"6英寸"的具体性质。下面是仔细研究两者的器型及其时空特征等信息之后所得到的几种可能性（图1）。

1. 第一种情况：陶杯与剑分属于不同的文化层，两个文化层之间的那条线可以意味着几年也可以意味着几个世纪的时间间隔。在这种情况下，陶杯与剑参与的是两个不同遗址中的文化活动，6英寸的垂直空间距离比6或60英里的平面距离所意味着的差距还要大。

2. 第二种情况：陶杯与剑与一具人骨架共存于一座墓室中，陶杯位于骨架的头部而剑位于骨架的腰部。显而易见，两者都是墓主人的随藏品，是同一文化事件的参与者。陶杯与剑自它们被制造出来以后，可能还分别参与过一系列的文化事件或行为，但是由于缺乏必要的参照系，对这些文化事件或文化行为我们无法妄作推断。然而，毫无疑问，两者共同参与了墓主人的葬礼这一文化事件，此时，6英寸的垂直距离在文化的结构中等于零，2英尺的水平距离仅仅表明它们的文化关系实际上很近很近，2英尺也罢，20英尺也罢，都不能改变其距离的这种性质。

3. 第三种情况：出土时剑在骨架的旁边，骨架的头部镶嵌着一枚石箭头，表明墓主人可能是中了敌人的箭而死的；而陶杯与其他的饮食器中的残剩食物共存。这样的埋葬状况及碳十四和树木年轮断代所表现的人骨架与残剩食物的完全相同的年代，使我们有理由推测，可能墓主人进食之际，一枚飞来的敌人的箭头击中了他的头部。在这种情况下，剑正随之参加一场战斗（或准备参加战斗），而陶杯是战斗中使用的食器，两者同

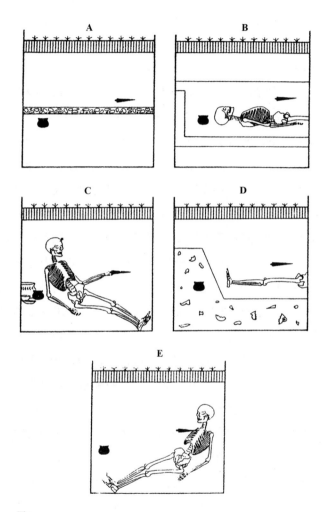

图 1

属于一场更大的文化行为而且大致同时。

4. 第四种情况：陶杯出在一个灰坑的靠坑壁处，剑出在一座墓葬中，灰坑和墓葬属于同一个考古学文化，但不是同时建造的，陶杯与剑在同一个考古学文化的不同时期参与了不同的文化事件。

5. 第五种情况：剑与陶杯的出土情况与第二种情况相类似，只是敌人用此剑刺死了墓主人并把它留在了墓主人的身体上。在这种情况下，两种文化行为在同一时间同一地点同时发生，但陶杯属于墓主人的文化系统，而剑则属于敌人的文化系统。

关于这种空间距离的性质，还可以列出种种可能性，2英尺和6英寸却是一个不可更移的事实。我并不希望上面的讨论给人留下实际的空间距离没有什么意义的印象。器物间的空间距离很小时，它们相互间具有密切关系的可能性要比其空间距离很大时要高的多些，因此，空间距离的大小是理解遗物间的相互关系的一个十分重要的方面，比如，我们知道20件遗物在空间上按线状分布，两两相邻的遗物间的距离（单位为英尺）分别是：10，10，10，10，10000，10，10，10，10，100，10，10，10，10，10000，10，10，10，10。如果这些遗物完全是同一个时代的，那么我们似可以判断它们五个一组，共有A、B、C、D四组，其中A属于一个遗址，B和C属于同一个遗址，而D属于第三个遗址。由于B和C之间的距离大于B组与C组内不同遗物间的距离，两者可能代表同一遗址内两个不同的组成部分。要验证上面的推测是否正确，我们首先要确知上述20件遗物所属的时代及其各自的文化意义，换言之，考古遗存的空间信息必须和其时间及形式等联系起来研究，其意义才会明朗。

除了上述的线状分布的遗物间的空间距离外，在同一区域内的诸多遗物相互间的距离构成这个区域的空间模式，此时，时间和形式等信息的加入会变得更有意思，这些留待下文详说。

时　间

在考古学中，时间可能是最难定义和解说的一个概念，它看不见、摸不着，但又无处不在，无法用经验加以度量。在考古学中，时间常常就是指时代或者时间表——一种勉强可以用物理的形式定下来，把考古遗存放在其中一个固定的位置上的尺度。这可以说是对时间的最常用又最含糊的一种观点了。需要指出的是，在考古学中，存在两种我们必须加以区分的时间：科学的时间和文化的时间（Leach, 1954a: 114）：

1. 科学时间：对于考古学家或任何受过科学教育的人来说，时间过去是、现在是、将来仍然是包括我们的祖先生活于其中的物理世界的一个维度。人生下来，东西被制造出来，人死了，东西旧了、坏了、被扔掉了——这一切都是在时间中进行的。因此，人很容易认为时间就是他自己或他周围的世界的一个维度——一切都在时间中被安排得井井有条。这种时间观念其实是经验上的时间，而不是科学的和文化的时间，后者实际上包括考古学上的绝对年代和相对年代。相对年代是指两个或多个考古遗物（或其他文化单位）在一个普遍性的时间表中的相对位置或关系，相对年代是理解文化事件的一个基本概念，因此有必要详加解释。

科学时间不依赖于考古学家而存在，它只是提供一个普遍而准确的时间尺度作为研究时的参照系和基准点，所以考古学家对它非常熟悉并可以熟练运用。

考古学家处理时间离不开科学的帮助。在几十年前，考古学家只有两种手段来处理考古遗存在科学时间表上的位置，其一是依靠历史文献的记载，确定它们在历法纪年中的位置；其二是依靠地质层位，确定不同考古遗存的相对早晚关系。当时，树木年轮断代法和湖底纹泥断代法虽然可以获得非常精确的有关遗存的绝对年代，但它们的使用范围却非常有限。碳十四年代断代法是原子时代的一项重大突破，它使考古年代学进入了一个新的阶段，用这种方法获得的考古遗存的年代虽然有极小的误差，但在距今五万年的测年范围内几乎可以被忽略不计，因而可以说是相当精确的。自1950年以来，一系列新的测年方法被发明，简直让人感到有些眼花缭乱，人们因此更急切地期盼更新的发明的出现。宾夕法尼亚大学博物馆1965年12月号的《考古应用科学通讯》(*MASCA Newsletter*) 详细列举了当前已知的测年方法，它们是：热释光测年、磁性测年，新的树木年轮断代法（树木年轮、碳十四和树木年轮气候学的综合运用）、裂变径迹测年、钍230和铀238放射性测年、黑曜石水合测年法、土壤测试及孢粉分析。看来新的发明和对旧的发明的推陈出新是没有止境的，它们都是十分有用的，我谨对发明创造这些技术的科学家们致以敬意。但是，对考古遗存的科学年代的进一步了解并不能使考古学变得更为科学，对考古资料包括对资料及其时代的解释，主要还是一项人文和社会科学的事情。

2. 文化时间：有两种时间概念可以被称为"文化的时间"，一种是不同文化包括我们自己的文化对时间的理解（Leach, 1954a: 124-136）；另一种是考古学家用来理解和划分考古遗存的时期的方法。在后一种时间中，考古学研究通过比较不同的考古遗存形式上的异同来确定它们与科学时间的相对关系，这种时间既不是考古遗存的内在特征，也与史前人类没有任何关系，这样的时间概念仅仅是考古学研究通过考古遗存而获得的，使用它们的古人早已在他们自己的时间长河中死去了，而他们自己的时间概念及他们使用这种概念的独有方式也已俱往矣。因此，这后一种时间只有在考古学试图在某个体系内或通过比较不同文化体系来分析考古遗存时，才是有意义的。也就是说，这个时间概念只有在比较不同的文化系统的异同这个操作系统中才是有效的，比较是其存在的基础。

只有运动的系统才具有时间的维度，而考古遗存总是某一运动着的系统的产物。每一运动系统都是由不同的部分组成的，一部分被另一部分所取代，或者许多个不同的部分在某一时间中共存，但是这些不同的部分一定会构成一个序列或排成某种顺序，因为运动是连续的，有方向的。虽然一种系统的运动会有某种形式的重复，但绝不可能完全一样、相互取代，整个系统一直是在持续地或快或慢地不断调整着它的运动速度与方向，这些不但使我们从整个序列中截取一个参照点成为可能，而且富有其他的意义。这个参照点可以是一个时间、一个行动、一个生态系统或结构的标志，也可以是所有这些的集合，而从两个参照点之间截取一个时间的片段作为分析研究的基本单位，当然也就顺理成章。

让我们以一个具体的考古遗址——凤鼻头为例来作说明吧。

凤鼻头位于台湾西南高雄市的南边，1965年上半年发掘，尽管只是发掘了整个遗址的一部分，由于发掘的地点经过了精心的选择，结合调查的材料来看，发掘资料对整个遗址是很有代表性的。虽然遗址的详细情况和整个的发掘过程和本书的目的无关宏旨，但为了使大家便于理解所引用的材料，我想对遗址的情况先作一概要性的介绍。

遗址坐落在一座小山丘的顶部及其下的缓坡上，东西长500米，南北宽350米，其分布范围与自然地貌的分布是大体一致的。可以说整个山丘的上部都曾经长时间地被史前人类所占据。我们一共区分出两种主要的文化类型：较早的一种以绳纹陶为特征，较晚的一种与中国大陆东南地区龙山时代的文化遗存相一致，并在遗址的占据期间经历了不同的变化阶段。尽管人类的活动范围包括了整个的山顶，到处都是深厚的文化堆积和复杂的地层关系，但整个遗址中人类活动的分布是不均匀的，没有一处的堆积与另外一处完全相同。因此，这个遗址中有许多问题有待于解决，而其中最重要也是最困难的，则是确立这些不同材料之间相互的早晚关系。要讲清楚我们解决这个问题的方法，不可避免地要涉及这批考古材料的实质性内容，但由于这并不是本书的主要的着眼点，所以我将在这一方面尽量简略些。

1. 这里共涉及了两个文化系统：一是绳纹陶系统，二是龙山系统，两者的空间关系——龙山系统叠压绳纹陶系统，可以被理解为时间关系——绳纹陶系统早于龙山系统。

2. 两个系统可以被放在一个绝对年代的尺度里，绳纹陶文化属于台湾冰后期的早期阶段，而龙山系统大约存在于公元前2400年到公元前400年间。

这里涉及了地层学及绝对年代断代法，它们是对考古遗存进行断代的最为普遍和常用的两种方法。但是有关该遗址的时代问题并没有到此完结，其中龙山系统的问题更多一些，让我们集中加以探讨吧。

龙山系统涵盖了大约两千年的时间范围，因此可被视为研究"时间的形状"（克鲁伯的精彩语言）的一个极好的尝试，在这两千年中，整个文化系统甚至石器工具的类别和形式、饮食习惯、聚落形态及陶器装饰等都在持续不断地发生变化。这样一来，我们就面对着如下两个问题：在这个系统内时间与空间的关系怎样？我们怎样才能够把不同地点发生的事情安排在同一的变化的时间序列当中？文化系统不同部分的变化间具有怎样的联系？第二个问题与形式有关，对它的解答必须依赖于对第一个问题的正确回答。

变化本身就是一个时间的标记。这就是说，我们可以以此从一个变化着的系统中获得标志时间片段的侧重点。另一方面，变化又是形式在时间链条中的移动，换句话说，我们可以根据变化来建立年代序列，我们也可以用两个相对的年代序列来强调变化，如果不能够正确使用不同层次的概念来进行比较，我们很容易就会陷入一种连环套中去。就凤鼻头遗址来说，我们将根据整个遗址的具有普遍性的变化来重建变化的序列，这些变化包括土壤堆积的性质，遗骨、贝壳及其种属等在不同地层中的变化情况，主要陶器器形在不同地层中的分布情况等，经综合排比，我们区分出四个不同的人类占据时期——细泥红陶期、夹砂红陶期、贝丘时期下层、贝丘时期上层，一系列的碳十四测年数据使我们大致可以确定每一占据时期大约持续五百年。

这样，整个龙山时代的文化就可以划分出四个时间片段，每个片段约五百年，它们各有自己特定的文化内涵并可以根据这些内涵变化的速率、方向、规模、持续时间和在遗址中的方位再确定出不同的侧重点，划出我们在系统内外进行分析比较的更基本的单位。

选取什么样的参照点，完全视我们要研究的问题而定。在凤鼻头遗址中，我们想要解决的重要问题之一是，怎样确定这同一文化系统中不同文化因素的同时性问题。因此，我们对与社会分工密切相关的遗物在遗址内的空间分布形式非常感兴趣，因为，这是我们探讨遗址内社会分工的重要依据。这时，如果有人提出下列的问题就是合情合理的：遗址内各种特征空间分布上的多样性到底意味着人类行为在不同时间里的位移，还是它们在相同的时间里占据着不同的位置？或者换句话说，"对于一种文化因素，只有明确了什么样的文化因素在同一遗址内是与它共存的，并且只有确定这一文化因素在遗址内不同部位的相对早晚关系从而确定了它的演变方向和演变轨迹，其文化背景才能够被重建起来。"（Wauchope，1956：25）如果你在相距仅两英尺的范围内发现了一个灶坑和一个墓葬——就像我们在例说空间关系的重要性时给出的例子，确定它们是否同时将是用任何社会的或文化的术语解释其相互关系的前提。在一种情况下，它们可能是一对同时的但却具有不同社会功能的遗迹；在另一种情况下，它们则可能不属于同一时期，根本无法被扯到一起来解释。碳十四测年和树木年轮断代法可以把两个遗迹放在一个很精确的年代范围内（比如说误差100年），两者的堆积状况也可以帮助我们确定它们的早晚关系。那么，这里边涉及什么原理呢？

在考古学文献中，我还没有发现考古学家对遗迹的同时性或共时性问题进行过严密的思考。而对一个社会人类学家来说，时间的确是至关重要的。列维—斯特劳斯说："没有一个共同均一的参照框架，要理解社会关系是不可能的。而时间和空间就是我们用来认识人类的社会关系的两个最重要的参照物，它们既可以单独使用，也可以合在一起使用。"（Lévi-Strauss，1963：

289）社会人类学家的概念和我的理解是一样的，因为"时间和空间实际上是社会的时间和空间，如果不和社会现象结合起来，时间和空间就是没有意义的"（Lévi-Strauss，1963：289）。

列维—斯特劳斯所说的"社会"的时间如果不是等同于我们所说的文化的时间，也一定是包括在文化系统的文化的时间中的。

社会人类学家在处理其研究对象的同时性时比其考古学的同事具有更大的优势，因为他们可以在文化事件和文化行为正在发生时直接观察、参与和记录它。这种优势其实更多的是一种感觉而非实际，因为社会现象是在时间的流逝中发生的，它和文化遗存在时间中一点一点地堆积起来的道理是一样的。道格拉斯·奥列沃记录了两种所谓的短时间内的社会互动——比如说几秒或者几分钟的社会互动，结果他发现，社会互动是连续进行的，被拆解开来的不同部分与其说是巧合不如说是相互重合（Douglas Oliver，1958）。

雷多夫·布朗对"社会结构"（Social structure）和"结构形式"（Structural form）做了有意思的区分，他认为前者是在特定时间中将特定的人联结在一起的实际的关系结构，后者是在或长或短的一个连续的时段内将有关的人联结在一起的结构。这种区分，由于忽视了时间的深度，或者说忽视了现实的时间维度的复杂性，非常容易使人们对所谓的"综合"的社会结构这个概念产生混淆。由于社会人类学对社会互动和社会事件不可能精确到分分秒秒——事实上根本不可能这样，所以，一种描述社会关系、现象和组织的综合性单位当然就应该有一个时间的深度。这个深度的恰当单位应当是，在这段时间里发生的变化不至于改变其基本的社会关系，从而改变了这种关系的基本结构。"如果现在的事实和对事实的分析对过去和将来同样适用,那么,就没有什么值得注意,就没有发生什么,至少可以说没有发生什么结构性的变化。"(Firth, 1964: 13)在此,菲思和纳德尔都采用了经济学家的"稳定态"的概念。

> 社会结构必须如福特斯所说的那样,是一个看得见的在时间中的过程的集合。我认为,社会结构在某种程度上说就是一个事件结构,我们之所以用一种"稳定态"的术语来描述它,是因为我们想证明它在整个的过程中和某种范围内是均一的,……这样,它才是可操作的。(Nadel, 1957: 128 - 129)

在一个"稳定态"中"很难发生任何实质性的变化","出圈的东西将被更加合适的东西所取代……而且两者基本上是平衡的"(Firht, 1964: 13),"在时间的链条上,各种力量和状况将保持相对的连续与稳定"(Fortes, 1949: 55)。

如果一个"稳定态"在变化中受到了破坏,一定会形成一个反映基本结构形式变化的新的"稳定态"。纳德尔是这么认为的:

> 如果一个行为或一系列的行为确实改变了先前存在的结构的图式,那么这个变化本身也必将不为原有的结构体系所包含与容纳,重复将被终止,我们将再也不会看到原有的变化顺序和它们应该对应的位置。在时间中毫无疑问总会发生这样的变化,不管它们是逐渐的积累起来的对常规的偏离,还是一种突然发生的革命或震荡……但是无论如何我们都应当坚信在特定时间里对社会结构的描述只有

在这个时间里是合适的,尽管我们很难判断什么时候这个结构将会终结,而且在变化的过程中,我们常常会因为难于把握结构的均一性而无法对某些事件的位置作出合理的安排,但是从逻辑上说,变化总是可以理解的。(Nadel, 1957: 135 – 136)

用列维—斯特劳斯的独特的术语来说,一个"稳定态"的时间维度可被叫做微观时段,在这样一个时段里,各种变化和替代对于整体结构的均一性来说简直是微不足道的。如果变化大到使旧的结构框架失去了作用,新的结构框架得以产生时,就必须用大时段来观察问题了(Lévi-Stauss, 1963: 290)。纳德尔根据时段差别的不同程度,进一步将这些概念区分为三种可能性,以试图将对"稳定态"的把握建立在科学的基础之上。(表1)

表1

不同时间段间的关系	可见的过程	
	微观时段	宏观时段
宏观—微观	事件序列,运动的位置,"选择和决策"	重复,规则性和"稳定态"
宏观—微观		扰乱,变化的积累
宏观—微观		恢复,循环,波动,继续原来的趋势,"运动的平衡态"

上面,我长篇大论地引述了社会人类学对时间概念的观点*,是因为它们和考古学中文化时间的概念具有内在的联系,

---

* 在此,我要感谢我在耶鲁的同事哈罗德·契夫勒和理查德·亨德森在文献方面提供的帮助。

虽然考古学家在运用时间的概念时不得不使自己的思维适合于考古资料的特点。

在此，让我们再次回到我们的初始问题：在考古学上同时性到底意味着一个怎样的时间范围？后面我们要专门讨论考古学中的结构与社会结构之间的关系，但是，我们现在可以肯定地说，考古学上的同时性是指这个时间范围里的变化没有超出均一性的忍受程度，因此没有扰乱不同文化因素的总体关系结构。我们可以称之为一个"稳定态"，在这个"稳定态"中考古学家对人类行为和器物形式的概括在整体上是适用的。

威利和菲力蒲斯提出了一个"考古单位"的概念，根据他们的定义，考古单位是在特定的时间和空间范围内"具有某种面貌、重复发生和内在一致性的形式"。威利和菲力蒲斯在他们的书中引用了斯泼尔丁致他们的一封信，专门讨论时间与空间范围的具体划定问题。

> 的确，任何一个考古器物群都代表文化传统在时间之流中运动的一个片段，但是，如果你想使文化史以科学的面目呈现出来，那么根据文化特征对文化在时间流中的运动进行划分都必然要具有人为的因素，因为这样的划分是以事件为基础的，而事件又和其他的事件联系在一起，共同构成了一个独特的文化类型……最普遍的文化理论认为，文化的一般进程是先有一个相对的"稳定态"，然后一种非常重要的文化因素迅速成长，一系列新的因素紧随其后，然后又是一个相对的"稳定态"。如此循环往复。如果把文化在时间流程中的变化画成图示，结果很像一个尖顶曲线，而考古学家的任务就是认识这个曲线的尖顶，这样根据尖

顶划分出的区段就决不是人为的划分,尖顶之外曲线的斜坡正是文化连续性的体现。由此看来,时间的流逝是持续而均匀的,但文化在时间中的变化却不是匀速的,有效的考古学的分期就是要将那些急速变化的部分作为分界线。好的年代学分类可以分出一系列的阶段,每一个阶段都代表一个不同的文化(用我们的话说,不同的"文化类型")。这时,找出那些至关重要的因素的出现时间并把它作为新时期的开始,就是考古学家最应该做的工作。(Willey and Phillips,1958:15–16)

需要牢记的一点是:"文化类型"或"稳定态"之内的时间点具有标志性的价值,五年、八年等具体的年数也只是一个比较值,而"稳定态"之内的量变虽然也只是科学时间的一部分,但却具有至关重要的意义。

特别需要强调的是:考古学上的"稳定态"和社会人类学的"稳定态"有根本的区别。考古学家关心的侧重点是人类行为的遗存而非行为本身,我们无法究及古代的事件、人与人之间的相互关系、言语、情绪以及它们的实际结果。如果一个村庄或一座房子的毁坏和重建确实是一个新的社会结构的开端,那么它当然也应该是一个新的考古结构的开端。另一方面,如果一个老的酋长死了,或酋长娶了一个新的妻子,引起新的重要人物的人格变化,从而打破了原先建立起来的平衡,这类巨大的社会变化却未必会在考古材料上留下什么痕迹,即使社会秩序或者人类活动的空间布局因为这类事件而发生了在考古学上可以觉察的变化。我们也很难把两者很好地联系起来。同时我们也不能排除社会秩序一如既往,而审美趣味与社会时尚却发生了天翻地覆的变化这样的情况。换句话说,"时间的序列、位置的移动或决定与选择"这样一些在极短时间内发生的事情,虽然可以在考古材料上留下深深的烙印而对社会结构未必一定会有多少影响;而另一方面,考古学上所谓的"扰动和渐变",比起社会结构的变化,则可能要显得非常缓慢。我相信如果把考古学上的微观时段和社会学上的微观时段作一比较,我们会发现两者的差异是正常的,而两者的巧合则是不正常的。但是,如果我们在长时段中谈论历史的整体结构,我们会发现考古学家和社会学家实际上是在处理同样的现象,而他们的发现也应当是基本一致的。

有一些人惯于无声无息,如果没有社会人类学家,他们社会的结构形式或许根本就没有可能留下来。但是,如果他们的行为留下了物质的遗存,这些遗存自己将会替这些人申言。如果考古学家谈论微观时段,他所谈的实际上是一个考古结构的物理世界,他用考古遗存的变化来描述它,而社会学家的社会结构则是一个时间过程的理论总结(Nadel, 1957:128)。社会学家需要让人们相信他所说的共时性结构具有一个时间的深度,而考古学家同样需要人们相信他所处理的厚厚的垃圾堆积是在一个可以被定义为具有"共时性"的时间片段中积累起来的。

在凤鼻头遗址中我们至少可以区分出四个这样的时间片段来,其中每一个对应于大约五百年的科学时间,在这个时间的片段中,我们可以在整个遗址中观察到文化结构的均一性,因此,它们可以被视为四个考古结构的"稳定态"。在每一个"稳定态"中都有相应的文化变化,但是这些变化并没有引起整个结构的变化。在每一个阶段内遗址平面分布上所发生的变化,都可以被视为社会的而非年代的变化。

再说空间

考虑到空间是在一个共时性的单位中展现的,那么"对一个社会结构来说,时间的特性就是空间的特性。因而我们可以发现对社会事件或组织结构至关重要的空间位置、空间结构对整体结构的举足轻重的影响,有规律的空间运动标志着结构的变化等等"(Fortes,1949:55)。因此,如果我们有微观时间("稳定态"之内的时间)和宏观时间(超出"稳定态"的时间)的概念,那么也应该有微观空间和宏观空间的区别。前者应当是指一个遗址内文化特质的空间分布和空间模式,它在遗址内将不同的遗物关联起来;而后者则是指不同聚落间的空间关系。两者和形式与时间等具有十分密切的关系,在后面的章节中我们还要在适当的背景下对之做进一步的讨论。

第三章 聚　落

　　根据研究文化史或史前文化的不同目的，聚落可以被看做是考古学上一个基本的分析单位，一个静态的、占据着特定的时间和空间范围的单位。聚落这个考古学的静态单位和社会学上的静态单位有着基本的、至关重要的不同。后者是一种为研究方便而设的抽象的、结构的模式，前者则是对经验实体的直接的反映。考古学家当然也有属于他们自己的模式构筑——我把它们称为考古学的模式结构，并将在后文中专门讨论这个问题，而对聚落的全面解剖，则无疑是构筑考古学模式的必不可少的前提之一。

　　瓦特·泰勒对历史文献学和文化人类学的辨析（Taylor，1948），可以帮助大家理解我对考古聚落和考古结构所做的划分。瓦特·泰勒指出："历史文献学是一门通过对过去的全部实际的抽象来重建关于过去的文化背景的学科，更具体地说，它是经过对过去的人和有序列的时间的综合，由现代思想得到的关于过去实际的系统性的认识。"而"文化人类学则是对文化及其形式、功能、发展等的不同状态和动力规则的比较研究"。瓦特·泰勒同时还指出:"显然,历史文献学是文化人类学的基础。"如果套用瓦特·泰勒的上述概念,对考古聚落的剖析和说明无疑就是一种历史文献性质的工作,而考古结构则属于文化人类学范畴的东西。

"由现代思想得到的关于过去实际的系统性的认识"是瓦特·泰勒对历史文献学的界定的一个基本的方面,当我们说考古聚落相当于瓦特·泰勒所说的历史文献,我们已充分地意识到对聚落的描述包含有很多的主观的和认识的成分在内,特别是当考古学家发掘的只是一个遗址的某一部分、聚落只是反映文化史上时间-空间的一个片段时,这一问题就显得尤为突出,但是,这并不能否认聚落所描述的是一个经验实体的事实,因为:首先,考古学家所描述的聚落是一个可以观察的物理的实体;第二,每一个被描述的聚落都是惟一的,由它自己特定的遗存和存在背景所构成,不会有第二个遗址与它完全一样。

无论如何,从人类行为的角度来说,将聚落作为考古学的最重要的基本单位具有十分重要的理论意义。我们之所以选择聚落而非遗物作为考古学概念和操作的基本单位,是因为我们研究的首要兴趣是生活在具有共同的文化传统的社会群体之内的人。在前面一章里我曾经简略地提及了社会学家的"稳定态"和考古学家的"稳定态"之间的不同,前者是根据人类行为及行为的模式概括而成,后者由文化遗物的有意义的空间和时间特征所构成。两者的区别是如此之大,以至于考古学家实际上只是在谈论物质文化——或者更极端一些,技术的历史(Osgood,1951)而非人类的历史。

威利和菲力蒲斯在讨论"社会单位的考古学对应体"时发现,将社会的组成部分对应于"群体"有非常充分的依据

(Willey and Phillips, 1958：49)，但是，究竟怎样用考古学术语来描述它，他们则一时有些拿不准：

> 更令人困惑的问题是，怎样在时间中来把握考古遗存和社会文化的"稳定态"，而这一点恰恰是经常被民族学家所忽略的……我们不能忘记，考古学上生活的时段是由考古遗存的形式特征的稳定性来界定的，这些特征常常是非常稳定的，因此，在一个考古学的生活时段里，实际的社会生活可以发生相当大的变化，使得民族学家认为可能存在着几个不同的社会。相反，在某些特殊的情况下，一个原始群体没有改变其社会属性，却可能会经历好几个不同的物质文化发展阶段——在近代的殖民历史上，就常常可以发现这样的例子。因此，现在的情况好像很不利于我们为考古单位定义一个对应的社会群体，但是，这并不能妨碍我们假定它们对应于一定的社会群体，并按照这种假定来行事。(Willey and Phillips, 1958：50)

上述的讨论涉及几个极有意义但尚需进一步澄清的观点：

1. 时间的维度并没有被民族学家所忽略，然而时空的维度问题仍然是考古学与社会学相比照时最难于把握的标准。

2. 将从考古遗存的形式特征概括出来的时期作为考古学的基本单位，而将社会的组成部分作为时期在考古遗址这个经验性实体中的体现，正是造成"读出各类考古分类的社会意义"的难点所在。如果倒过来，将各类社会组织作为首要的经验性的分类单位，而将不同时期的形式变化特征和各类社会指标作为这种分类的基本单位的表现，两个学科的对应将变得更为容易也更有意义。后者正是我对聚落和考古结构的定义，我拒绝采用组成部分和时期这样的词，以免引起过多的纠纷。

3. "物质文化"和"社会"的确是两个不同的概念，但是难道它们的存在与发展真的是互不相干的吗？这应取决于我们怎样理解"社会"这个东西。

4. "社会结构"不能等同于社会"实体"，一个考古单位也不一定是一个社会实体。与其为一个考古单位寻找相对应的社会实体，不如试图去理解它所包含的社会意义。我们已经指出，我们所采用的单位——处于"稳定态"的聚落，比社会人类学家的社会结构在操作时更为真实。

在对上述观点做进一步的阐述之前，我将首先涉及一下考古聚落可以被感受和描述的一些特点。从最宽泛的经验的范畴来说，聚落的可以被当作考古资料来描述的材料有：（1）遗物，（2）其他的人类占据的证据，（3）前两者的埋藏状况。一个包括了涵盖特定时间和空间的上述遗物的考古聚落就是一个构成特定"稳定态"的单位，这个"稳定态"是由其构成部分的相互比较和完整性展示出来的。在这个单位内部虽然也存在着变化，但是总起来说，它们体现着一个共同的文化传统，其不同部分拥有强烈的内在一致性，共同展示了一个日常活动的完整的自主的行为系统，它们既可以和或近或远的其他的同类系统相比较，也可以和比它或早或晚的其他的同类系统相比照。这样的定义看起来是太复杂了，实际的例子可以帮助我们理解它们到底是什么意思。

例子之一来自法国旧石器时代晚期，它说明一个考古单位（聚落）怎样可以通过比较和罗列其遗物和堆积状况等内涵在时间中的变化得到描述。在此，除非绝对必要，我们同样省略细枝末节以节省篇幅。"在 1958 到 1964 年，考古学家连续对位于法国西南部赖斯伊埃斯村（Les Eyzies, Dordogne）的一个大型旧石器时代晚期的岩棚遗址阿布瑞·帕托德（Abri Pataud）进行了六个夏天的大规模发掘，这个遗址临近珀瑞古克斯·萨拉特（Perigueux Sarlat）高速公路（D.47），位于南西走向的石灰岩陡壁和维泽尔（Vezere）河谷交汇的马鞍部。"（Movius, 1965：303）在岩棚下，厚达 9.25 米的文化和自然堆积的地层关系如下：

地表物质（现代）
地表风化物
第 1 文化堆积层　　　梭鲁特文化早期？
风化物
第 2 文化堆积层　　　前马格德林文化（公元前 18750 年）
风化物
第 3 文化堆积层　　　帕瑞格德文化六期（小格瑞维特尖状器和其进步类型，公元前 19590 年）

风化物
第 4 文化堆积层　　　帕瑞格德文化五期（诺勒斯刮削器）
风化物
第 5 文化堆积层　　　帕瑞格德文化四期（格瑞维特尖状器）
风化物
第 6 文化堆积层　　　奥瑞纳文化的进步类型（三—四期？）
风化物
第 7 文化堆积层　　　奥瑞纳文化二期（公元前 31840 年）
风化物

第 8 文化堆积层　　奥瑞纳文化
风化物
第 9 文化堆积层　　奥瑞纳文化（简短占据）
风化物
第 10 文化堆积层　　奥瑞纳文化（简短占据）
风化物
第 11 文化堆积层　　奥瑞纳文化一期
风化物
第 12 文化堆积层　　奥瑞纳文化早期
风化物
第 13 文化堆积层　　奥瑞纳文化早期
风化物
第 14 文化堆积层　　奥瑞纳文化早期
底部风化物
基岩

每一个"文化堆积层"指的是由包含有相同器物类型的一层或者数层堆积构成的一个系列，"风化物"指的是"由气候因素将特定地区的基岩改造而成的自然堆积物"。与遗址平面相关的空间资料尚未发表，但是对定义聚落至关重要的分期资料却可以加以利用。

首先，风化物的存在表明岩棚遗址（至少是那些被发掘的部分）在堆积形成的这段时间内没有被人类所占据，风化物层之下的文化层的主人在这段时间里离开这个遗址。当一个新的文化层在风化物层之上重新形成时，表明了遗址被又一个人类群体所占据。至于两个文化层的主人是否属于同一的人类群体，则不得而知。尽管风化物代表的间隔时间的长短可以透露出一些信息，但是，考虑到旧石器时代技术的长期稳定性和不同的社会和文化群体共享共同的文化传统的情况屡见不鲜，这些信息也是非常不确定的。但是，根据遗物及其埋藏背景，我们至少可以知道在不同的占据者之间是否发生了技术传统的大变化。像"奥瑞纳二期"、"帕瑞格德文化五期"这样一些词就可以用来描述一个技术文化传统的不同的时段，因为尽管存在着风化物的间隔层，它们仍然包括几个不同的文化层（例如第12—14层属于奥瑞纳文化传统），对考古学家来说，它们就是一个没有发生巨大变化的"稳定态"，因而就代表着一个聚落。另一种情况下，尽管不存在任何风化物的间隔，我们却要用好几个这样的词汇来描述几个连续的文化层，那么，我们可以认为存在着好几个不同的聚落。在阿布瑞·帕托德虽然不存在这种情况，但下一个例子就是这样。我是墨维斯1959年夏带队发掘阿布瑞·帕托德的参加者之一，就我所搜集的材料——当然要以墨维斯先生最终的发掘报告为准，遗址中的第4层和第5层还可以细分为几个更小的层，它们是在不同的背景下堆积而成的，其中有些层间可能还存在着时间间隔，但是细分这些小层并没有多少技术文化的意义。从技术文化的角度说，从第1文化层到第8文化层都不存在再分层的必要性，它们每一个都对应着一个专门的名称，但是，是不是它们每一个都恰恰对应于一个聚落呢？

我的观点是，上述的名称比如奥瑞纳和帕瑞格德文化五期都可以被视为同一人类群体的技术文化传统的不同阶段。我们知道，如果细究"同一人类群体"这一词汇，我们的观点可能就站不住脚。但是在此我这样说是有特殊的目的的，并且没有其他的证据可以反驳我的这个观点,相反,在阿布瑞·帕托德遗址中还有除石器和骨器以外的材料是和这个观点相一致的,其中最重要的当推大量灶坑:

> 在帕瑞格德文化Ⅵ(第3文化层)中,在一由长条形的坍塌建筑物及其后墙构成的地层中,每隔2米分布着一个小盆状的遗迹,而每一个这样的遗迹旁边,又分布着一些烧裂的河卵石……在帕瑞格德文化五期和帕瑞格德文化Ⅳ层中,在遗址的靠后的方位发现了许多大型的室外灶,它们周围同样分布着一些烧裂失色的河卵石。根据有关的民族志材料,可以推测在帕瑞格德文化时期,一个相当大的人类群体占据着这个遗址……
>
> 第7和第8文化层——奥瑞纳时期的较早的两个地层,反映的却完全是另外一种社会面貌……这两个文化层的非常规范的居住范围内分布着若干灶坑,每一个灶坑都占据着一个精心修整过的盆形基址,说明它为一个很小的居住单位所拥有……在这些灶坑也发现有河卵石,不过它们是在灶坑里边,而不是像帕瑞格德文化时期那样散布在灶坑的周围。因此我们有理由推测奥瑞纳时期的河卵石的使用方法和帕瑞格德文化时期是不同的……
>
> 奥瑞纳时期灶坑的形式、它们和人类居住层的关系、与灶坑相联系的河卵石的分布特点(第8层与第7层)以及人类居住层本身的特点等,都明确无误地表明这是一个和帕瑞格德文化时期晚段完全不同的人类群体和聚落形态。(Movius,1965:313-314)

这些掷地有声的结论充分说明了奥瑞纳文化层有着和帕瑞格德文化层完全不同的内在结构。这些对于描述聚落形态至关重要的分类特征（灶坑的结构、食物的加工程序、人口规模和密度、居住模式以及其他相关的特征等）是否比石器、骨器等的分类具有更为重要的意义？我想对这类具有普遍性的问题不能简单地一概而论，但是，就本文涉及的情况来说，答案无疑是肯定的，尽管要确切地了解在阿布瑞遗址中划分奥瑞纳和帕瑞格德文化时期的文化意义，我们还需要对人类的遗物做更细致的分析。

如果上面的例子并不是对聚落形态的一个令人信服的描述，主要是因为把握旧石器时代的聚落还需要了解除地层学和类型学以外的很多信息。但是无论如何，我希望这个例子可以说明考古学研究的若干操作原则，其中最重要的一点是，考古遗址中地层堆积的间断，并不一定意味着一个考古学实体被分解开来，不等于这个考古学实体不能被视为一个"稳定态"。

相反，在第二个例子中，我们可以看到一个遗址中的堆积虽然看起来是连续的，但却可以区分出若干个"稳定态"来，这就是第二章提到的凤鼻头遗址的情况。在此，龙山时代持续了两千年左右，其间技术文化和其他相关因素的整体特征发生了三次巨大的变化。下面一段话采自我的发掘报告：

> 对遗址中文化变化的不同方面的分析研究可以得出如下的结论：（1）整个龙山时代，遗址被同一文化传统的人们所占据；（2）在遗址的占据期间发生了与四阶段分期相一致的几次全面的文化变化。
>
> 1. 细泥红陶聚落期（公元前2400—前1900年），龙山

人刚刚来到这个很久没有人居住的光秃秃的山丘上,并很快地占据了除了西部三分之一的整个山丘,其中人类的主要活动区域在丘岗的顶部和北部的缓坡,而南部朝向大海的一面则仅有零星的活动遗迹。农耕和狩猎是当时人们主要的经济活动,海洋资源尚未得到开发利用。没有发现贝丘。

农业经济看起来是最重要的经济类型。一种扁平的玄武岩制成的石锄非常普遍,其玄武岩并不是这里的产品,更像是来自于澎湖列岛。其他的农耕工具还包括用板岩做成的舌形的锄;一种用绿岩、板岩和玄武岩等制作的长方形石锛带着鲜明的棱角并且做工十分精致;一种刃部偏后的靴形石刀及其他几种用板岩制作的石刀,这些石刀包括长方形和半月形等形式,它们可能是收获的工具。

在丘岗的东部发现了一座房子,宽约4.5米,长度不清,地面被加高,在房子的一头发现有门道。

没有发现骨角蚌器,但是陶制的纺轮却很多。还发现了不少玉坠、玉环、玉珠和陶环等个人的装饰品。

陶器中最主要的是细泥红陶,器型中最多的是碗,其次是罐和杯。圈足器很盛行,一种柄部镂孔的陶豆也很常见。这种陶器惟一的装饰是绳纹。夹砂红陶和灰陶也时有发现,最多的是罐,其次是碗,常见唇和高起的座。绳纹最普遍,也有方格纹和篮纹。发现了两片彩陶,一片是一个带流杯的流的外部,一片是一个陶杯从口部到底部画了一些平行的线纹。如果把陶器分为盛贮器的罐等和炊饮器的碗杯等两大类,我们可以发现前者主要是夹砂陶而后者主要是细泥陶,在后者中偶尔可以看到彩陶。

2. 夹砂红陶聚落期（公元前1900—前1400年），这一阶段的人类活动主要集中在遗址的南坡和丘岗的东部，其他区域只有零星的分布。尽管同一的文化传统仍在继续，但相对来说人类的活动变得更为集中。

扁平的舌形石锄仍在使用，但新增加了几种新的石锄类型，有打制也有磨制的；长方形的石锛和同一类型的箭头依然如旧，增加了一种新的树叶状的箭头，同时用板岩制作的半月形的石刀的数量有所增加。

几乎所有的陶器类型都在延续，但夹砂红陶取代细泥红陶占据绝对优势，器表施纹有所减少，但篮纹则有所增加；陶器方面另一个变化是炊饮器更为精致，彩陶中首次出现了成组的装饰；发现了黑陶，器形有碗和杯。一些黑陶杯上有纵向的针刺或雕刻的点状纹饰。

3. 贝丘聚落下层（公元前1400—前900年），与前一阶段相比，遗址发生了很大的变化，人类的活动主要发生在北坡和南坡，丘岗顶部相对较少，这部分是由于顶部受到早期文化层的较严重的破坏，更重要的是由于人类对丘岗周围海生和河生的资源的依赖越来越严重了。在北坡还发现了一处墓地。

与农业有关的石器工具——扁平的穿孔的舌形石斧、长方形的石锛仍在使用，板岩制作的石刀和石箭头虽未发现，但应该仍然存在。在遗址内第一次大量发现贝壳遗迹，其中软体动物比较少，而牡蛎和蛤类占绝大多数，仅见的软体动物的体形都非常大，表明这样的生态资源才刚刚开始被利用。

骨角类的工具大为增加，其中包括笄，而其他的实用工具和装饰品仍然存在。在陶器中，同样的器形仍在继续，但是夹砂灰陶取代夹砂红陶占据了主要位置，篮纹成为最主要的纹饰，黑陶的数量有所增加，罐和碗、杯共同成为最主要的器形；在碗的口部和唇部除了刻画的线纹外，还有了篦纹。最显著的变化要属彩陶的大量增加，这标志着日用器皿的精致程度在进一步加强。

4. 贝丘聚落上层（公元前900—前400年），这是龙山时代的高峰期，器物最为精致，人类活动的分布范围最为广泛。在这500年里堆积的文化层就有两米多厚，超过以前三个阶段（1500年）的总和。

扁平的舌形穿孔石斧依然存在，但打制的石斧和一种新的大石斧开始出现；除了长方形和半月形的板岩石刀外，还出现了马鞍形和树叶形的新的石刀类型；陶器中陶罐的数量空前增加，说明农业活动的加强和谷物贮存量的增加。

狩猎活动仍在继续，新出现了窄柄石箭头和一种有柄骨箭头。贝壳的种类大大增加，个体也有所变小，说明聚落中人口压力或对海洋资源依赖程度的增加。

骨、角和贝类器具无论在数量上还是种类上都大为增加，出现了新型的纺轮；玉和玛瑙制的装饰品大量发现，陶环依然存在，而陶管——可能是腕饰或腰饰则是新出现的。

夹砂灰陶依然占主要地位，刻画纹有所增加而压印纹有所减少，在压印纹中，篮纹增加而方格纹减少；各种器形都在继续使用，但变得更为丰富多彩；黑陶和彩陶上的装饰纹样都有所增加，特别是黑陶上的刻画纹空前的丰富。用作贮藏器的罐进一步增加，而用作炊饮器的那些器皿则变得更为精致，其中一些显然具有特殊的用途。空前的人口密度和高度复杂的文化需要更为复杂的社会组织系统，武器——新出现的文化因素和陶器口沿的刻画符号，可能正是这一点的具体体现。

需要强调的是，上面的概述是以大量量化的资料为依据的，文化的四个阶段可以被视为四个"稳定态"，从一个"稳定态"向另一个"稳定态"的变化不仅仅是单一的文化因素发生了变化，而是整个系统的许多部分都发生了相互依赖的全面的变化。斯图尔德和斯泼尔丁的"文化类型"非常适合于这样的"稳定态"，但是为了操作的方便，在此我宁愿用"聚落"的概念来指称它们。或许用"考古单位"比用"考古结构"更为简洁合理，但无疑会引起不必要的混乱。换句话说，尽管在凤鼻头只有一个文化传统——龙山传统，但我们还是宁愿把这个遗址当作四个不同的聚落来处理。让我们假设一群人来到了这个遗址，遗址中所有的堆积都是他们的后人所为，我们还是倾向于把这个遗址视为四个聚落，因为遗址的内容从一个"稳定态"发生了向另一个"稳定态"的转变，并且一共发生了三次这样的转变。如果一个民族学家每隔五百年到凤鼻头访问一次，他一定会毫不犹豫地说，他访问了四个不同的村子。也许与其他的不同时代或不同空间的聚落相比，这四个聚落在形式上相互之间会更为相似，但是这和我们研究的问题无关宏旨。在区分出这四个聚落形态之后，我们下一步将着手分析和比较，在聚落层次之上研究文化的连续性或非连续性等问题。如果我们将变化作为研究单位的分类标准，那么我们要再一次引用斯泼尔丁的话，"找到变化的转折点就是考古学家的义不容辞的责任"。与变化相对应的稳定当然也应当被加以考虑，但目标、情况和层次都不一样了。在这个过程中，文化因素的选择对区分"稳定态"是至关重要的，比如在龙山时代的凤鼻头遗址中，我们还可以选择其他的标准在其他的层次上对遗址进行划分，但无论如何划分，其结果都会有某种最低程度的抽象性。

第三个例子——中国河南省郑州商城遗址，比前两个例子更能说明文化因素的相互比较和相互依存在说明遗址的空间问题上的重要作用。商城是公元前两千年后半期商人的一个聚落，时代和凤鼻头的下层贝丘聚落差不多，但它不像凤鼻头那样恰恰坐落在一个小丘岗的顶部，而是一个散布在大约四十平方公里范围内的遗迹群。经过对各类遗存的综合比较，可以划分五个阶段：上街、洛达庙、二里岗下层、二里岗上层、人民公园。每一个阶段大约有数百年，可以被视为一个"稳定态"，或叫做一个二里岗下层时期的聚落。

> 二里岗下层时期的郑州商城的人类活动一下子突然非常活跃，聚落面积有了很大的扩展。这个阶段遗址中发现了房屋、墓葬、作坊和城墙等遗迹，据认为，这个时期居住区和墓葬区主要分布在城内，商城本身就是一个生活和管理的中心，但是那些平民的居住区、墓地、作坊和耕地则分布在城外……
>
> 商城大致呈长方形，周长共7195米，城内面积约3.2平方公里……显然城内是管理和仪式的中心……在城内近东北角发现一处大型房址，石灰铺地，经过烧烤夯实，柱洞的直径在14—35厘米之间，深度在19—34厘米之间。房

址北面发现一夯土台……这有些让人想起安阳小屯中心的祭坛。在商城北边考古学家开的一条探沟里，除了陶片、骨器、石器外，还发现有制作精美的玉发笄，其中两三件在商城范围之外还是首次发现。

在城墙之外发现了多处居住区和手工业作坊遗迹……迄今为止发现了两处铸铜遗址……在紫荆山铸铜遗址北边50米处发现一处骨器作坊……还有一处二里岗时期的制陶遗址……在商城以西1200米处……在二里岗发现了器形很大、质地粗糙的大陶罐……有人认为这可能是一处制酒作坊的遗址……

这些现象表明在二里岗时期郑州是一处重要的政治和仪式中心。根据遗物的分布、聚落的性质和堆积的厚度等判断，人口的规模相当大……城内主要是统治阶层的居住区，而手工业者和农民则住在城郊（Chang，1963：149-153）。

上述的二里岗下层时期的聚落并不能代表商代二里岗时期郑州商城的全貌，它只是一个考古学的实体，如果新的材料出现了，聚落的内容还会发生变化，但是无论如何，我们都不会把一个作坊或一个铸铜遗址作为我们研究的首要单位，因为正是上述的具有特定的时间和空间范围的整个的聚落才显示了不同部分的有机关联，才可以和诸如安阳殷墟和郑州洛达庙时期的聚落相互比较。

这些例子应该已经足以说明考古聚落的特征和考古学家处理聚落的主要步骤。可以看出，聚落是指考古学家根据时间和空间界限界定的"稳定态"下在野外可以观察到的全部考古资料构成的考古单位，除了聚落的经验实体外，我们将在本书的其他部分探讨聚落的社会和文化意义，在此，我们将首先回答以下几个问题：考古材料有什么社会和文化意义？它们和人类群体有什么对应关系？如此定义的聚落和器物的集合有什么根本的不同？

先回答最后一个问题。如果放在特定的背景范围内，聚落可能就是一群器物的集合，但是它绝不仅仅是器物的集合。聚落这个概念实际上从最宽泛的意义上为对器物进行分组提供了一个严格的具有内在一致性的操作指导，是一个最常用的具有方法和技术意义的理论框架，它与其他的业经实践证明是可行的方法并不矛盾。

聚落当然可以与一个实际的人类群体相对应，正是这一群人的存在和行为产生、使用和废弃了与聚落相对应的这段时间内的古代的物质遗存。

根据人类已经积累的物质文化和社会文化的经验，我们可以在别人或我们自己经历的实际情况的基础上对可感受的实体进行分类，我们可以把它们分为相对稳定的和正在运动的，这与人类自身的情况是相关的（Osgood，1951：210-211）。

奥斯格德虽然没有特别明确地从区分人类群体的角度出发对历史上物质与文化实体的相互关系进行探讨，但他的寓意是明确的。毫无疑问，一个考古聚落的起始和某一特定的人类群体的起始密切相关，不过需要牢记的是，只有在一个长时段的连续的序列中，才能够对考古学的"稳定态"和社会的"稳定态"的对应问题作出合理的探讨。在第二章中我们讨论了与此有关的时间问题，而在第六和第七章中，我们将进一步探讨考古结构的问题。

第四章　微观环境

在所有人文科学中，考古学可能是最注重人与其所生存的环境的关系的一门学科——在此，环境指的是自然环境，"它包括气候、土壤、植被、动物和地貌等一系列相互关联的因素"（Coles，1963：93）。至少有三方面的原因导致了这一现象：首先，人们认为越是简单的文化对环境的依赖越强，而考古学研究的往往正是这些相对简单的文化；其次，考古学对时空问题的关注使得它总是把考古聚落放置于四维的物理世界的一个固定的范围中，而这个范围自身在时间中的变化是清晰并可以追踪的；再次，考古遗存都是实物性的，研究它们的属性不可避免地要联系其物质的来源、自然属性等及其所具有的作用。

在前面的章节里，我们把聚落定义为其居民在其中生活并留下遗存的空间范围。在某一段时间里，聚落中的居民生活于斯并留下他们生活的垃圾，所以，如果说聚落中的居民的行为糟蹋了聚落所在的这一地区，一般也不算是过分。聚落里的居民每天都要走出聚落去和自然打交道，往聚落里带回吃的、用的、玩的东西，他们还要时不时光顾别的聚落，带回一些别人的东西，后一种情况还要在讨论聚落间关系时专门谈到。但在任何一种情况下我们都可以看到，从物理的角度定义一个聚落如果不考虑其中的居民每天都要打交道的聚落周围的环境，这个定义将是不完善的。聚落周围的环境可以被定义为微观环境（小环境），还有一些因素可以称为宏观环境（大环境），这将留待第七章来专门讨论。

微观环境和宏观环境两个概念借自米歇尔·科和肯特·佛兰纳里的著名文章——《微观环境和中美洲的史前史》。（Coe and Flannery, 1964）在这篇文章中，微观环境指的是"一个大的生态区域的较小的组成部分，比如说一个考古遗址的周边环境，一条小溪边的一小片地，一块森林飞地等等"，而"通常由气候的波动所引起的在一个长时段内的大规模的环境变化……"则被称之为宏观环境（Coe and Flannery, 1964: 650 - 651）。科和佛兰纳里用了两个极有说服力的例子来说明在研究人地关系时微观环境和宏观环境之关系的重要性。他们指出："狩猎—采集者和定居村落里的农民的最大的不同是，前者将不得不依季节的变化在一个较大的范围内开发各种不同的生态位中的自然资源，而后者因为掌握了食物生产的技术，只需集中于相对较近的一种或几种微观环境即可满足食物需求。"（Coe and Flannery, 1964: 651）

为了使这些非常有用的概念和我们的讨论能够很好地结合起来并具有前后一致的逻辑性，我将把一个聚落的有考古资料作依据的整个环境（即第六章所称的"微观结构"）都称为其微观环境，而把那些小的"生态位"（即科和佛兰纳里所称的"微观环境"）视为这个聚落的微观环境的组成部分。这样一来，我们就可以很好地把握一个聚落和其周边环境的有机关系，对聚落微观环境的各种类型进行分类描述，并解释它和聚落关系的动力法则，比如说科和佛兰纳里所描述的狩猎—采集聚落的微观环境就包含着比农耕聚落更多的特殊因素。这样，我们既保持了术语的前后一致，又能够在不牺牲微观环境概念优越性的前提下明确揭示各类生态小区和特定的人类群体之间的关系。

上述概念在研究人地关系时的作用可以通过古人对当地生态资源两种截然不同的开发利用方式的考古例子来加以说明。一个是1961年马尼士（R. S. MacNeish）在墨西哥南部特华坎河谷所做的、后被科和佛兰纳里加以总结的项目（Coe and Flannery，1964：652－653）；一个是前面提到的凤鼻头遗址。在现在已经沦为沙漠的特华坎河谷，考古学家区分出被史前人类开发利用的四种不同的生态位来（见图2）。

综合考古学、植物学和动物学（对包括碎骨、玉米棒、龙舌兰遗痕和人类粪便等）的研究成果，可以发现洞穴堆积所体现的新大陆最早的农民的生活方式和19世纪大盆地地区的土著人几乎没有什么区别。而在早于公元前6500年的河谷中的最早的人类，则主要是依靠采集野生的植物资源而非捕猎大型的动物资源来生活的，他们以很小的人类群体为单位，随着旱季和雨季的轮回不断迁徙。当很粗放的玉米种植农业开始以后，虽然有了一定程度的定居，但这些小群体仍然没有改变其从一个生态位向另一个生态位不断迁徙的传统习惯，而且在旱季里继续分成更小的群体（Coe and Flannery，1964：652－653）。

这种供应和居住模式充分说明了一地的获取食物的传统是如何充分利用当地的生态环境所能提供的生态位的。凤鼻头遗址的情况有所不同，在这里，居民是非常先进的农民，他们可能既种植小米也种植大米，并且在这个小丘岗上生活了大约两千年而从未中断。凤鼻头遗址的微观环境当然主要是由其丘岗顶部的缓坡和其北边的一块河流阶地构成的，但是聚落附近的

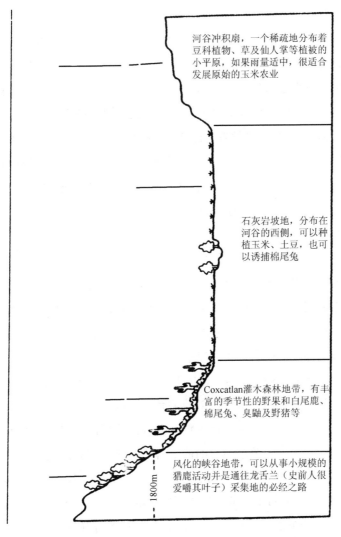

图 2　墨西哥帕波拉地区特华坎河谷中段反映各种与食物资源有关的生态位和季节性变化的理想剖面。左东右西，本图反映的区域大约长 20 公里（经科及《科学》杂志同意，据科和佛兰纳里图 1 重绘）

其他环境同样被加以利用,包括北部的低丘、西北部的河流阶地、东部的一条小河以及丘岗南坡下面一大段海滩。

Melanoides crenulatus 是一种生活在淡水中的软体动物,常发现在河流入海之处;*Ganesellau* 是一种陆生蜗牛,其他的软体动物种类也都是那些常见于潮间带的种类,沙泥和红果林是它们的生活环境的主要构成因素。换句话说,海边的淤泥和红果林(丘岗稍下的部位也常被这种植被所布满)也已被凤鼻头遗址贝丘时期的居民开发和利用。贝丘堆积中还发现有蟹和龟的遗骨,它们和软体动物当生活在同样的环境当中,但是鹿和野猪的遗骨则肯定来自另一种生态环境,暗示着遗址北部的其他丘岗也已被开发利用。

渔猎者和农耕者所处微观环境之间的这种差异,说明从聚落着手是对人地关系进行富有成效的研究的必需的出发点。渔猎者的聚落往往和周边环境有一种很特殊的关系,因为动植物资源都有季节性,渔猎者不得不在不同的位置来回移动以适应环境的循环。而农耕者的聚落倾向于同时和多种环境因素发生联系,因此其微观环境往往也更为复杂。(Chang,1962)

研究聚落和其微观环境的关系,可以从前者开始也可以从后者开始,可以使用直接材料,也可以使用间接材料。我无法详述以揭示人地关系为目的的聚落研究所用以处理其文化和环境遗存的具体方法(可以参见 Butzer,1964;Meighan et al.,1958;Heizer and Cook,1960;Brothwell and Higgs,1963)。但是,无论使用何种方法,其目的都是为了获得以下信息:(1)人类行为在多大程度上以及怎样改变了聚落的土壤特征;(2)人们从聚落外往聚落内带回了什么能够标志生态资源的东西;(3)每种东西的数量情况如何;(4)每种情况下人们这样做的目的是什么,其影响有多大。量化的指标具有非常重要的意义,特别是因为它可以对聚落中的人们在其特定的微观环境下与各类生态位的具体关系作出量化的说明,这对表述聚落中文化的内在变化是必不可少的。比如凤鼻头遗址中贝壳的量化指标就可以透露出以下的重要信息:通过人类采集的软体动物的种类和数量,可以确定贝丘下层和上层聚落时期聚落的地理环境类型;贝丘下层聚落期软体动物的种类少、个体体积大,上层时期种类多、数量少,说明聚落中人口的急剧增加;具体如牡蛎和蛤的数量变化,也有一定的文化和环境意义。这类遗存对描述和解释聚落本身具有的意义和与其相关的人工的考古遗物是同样重要的,但是它们则更受"保存状况、聚落人口、聚落的季节特点、聚落中人们的生活习惯、卫生状况、饮食类型、原材料及技术工艺等因素的影响"(Heizer,见 Heizer and Cook,1960:93)。

　　由于环境的不断变化,人类活动的痕迹并不总是很明显的,即使在航拍照片上往往也是很难辨认的,因此寻找与聚落相关的微观环境的痕迹往往具有极强的偶然性。但是,如果我们掌握了大量充分的聚落中的材料,顺藤摸瓜地就可以找到人类开发利用各类生态因素的信息。问题是,这类因素是不是现在还一直保存着?本地区或附近是否还存在着同样的可供比较的人类活动类型?通常情况下,渔猎聚落比如短期的营地、屠宰场所等往往很难留下任何遗迹,但是农耕聚落却可以在即使非常远的地方留下比较永久的痕迹。痕迹之一就是耕地,这在有灌溉设施的情况下更容易辨认;另外,为了农耕而砍烧森林以后形成的次生植被也是很好的证据,不仅次生植被可以反映最近的人类农耕活动,像孢粉分析在湖泥沉积中发现的次生林、

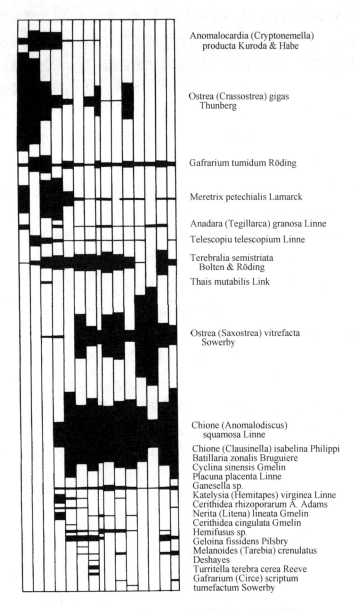

图 3 贝丘下层和贝丘上层聚落时期地层中软体动物贝壳的变化情况

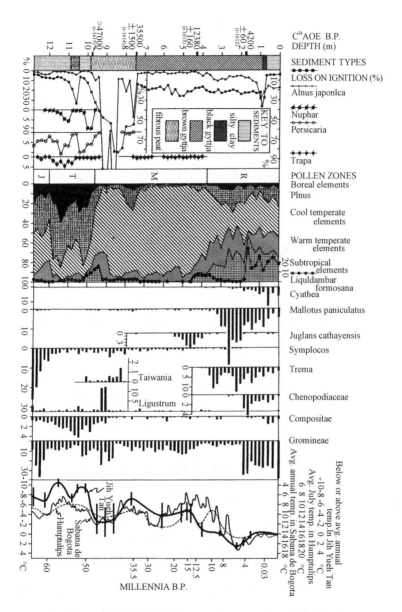

图 4 "晚更新世台湾植被和气候变化"图示(经 Matsuo Tsukada 允许,转引自 Proceeding of the National Academy of Sciences, 1966, Vol. 55, No. 3, 544 页)

第四章 微观环境 55

灌木、杂草、炭屑等，也是农耕活动的证据（图4）。但是，一旦我们发现了这一类的证据，考古学家又面临着另外的问题，因为有时候往往很难确定这些是哪一个考古遗址里的人们所为的，在这种情况下，考古学家将不得不依赖宏观研究方面的信息（见第七章）。

今天，谈论多学科考古是一种时髦，但是这方面的实践尚不多见。有一些事情变为时髦自有其内在的原因，是一种好的事情，多学科考古即其中之一。由于地理学、地质学和生物学等的研究成果同样具有区域性和时间性的特征，在研究微观环境时考古学家当然可以直接借用它们，而且由此人地关系也可以变得更为明晰。但是研究微观环境的技术往往需要极其严格的实验室训练，对其所得结果的解释也需要具有该学科的较强的理论素养，而目前考古学研究生的教育并不能提供这方面的课程，所以，考古学家必须和其他学科的同行进行密切的合作。

不幸的是，一个成功的多学科的考古学研究项目必须以考古聚落为制订计划、实施野外工作、提出问题和整合五花八门的资料的核心，其他学科的研究必须符合考古学的要求。而科学家们一般都具有独立思维的倾向，如果一个生物学家和孢粉学家的研究目标没有和考古学家的研究相重合，就很难让他们按照考古学家的要求来行事，布策尔策略性地称这种现象为"自然资料和文化资料整合过程中的排斥性"（Butzer, 1964：7）。这类合作上的难题妨碍了许多跨学科的研究项目。

解决这一问题的方法有两种，一种是将一些有共同兴趣的考古学家和科学家组织成一支队伍——或永久或暂时，就像布雷德伍德与里德、黑泽尔与库克、科与佛兰纳里，还有我自己与祖达卡之间的合作那样。还有一种是一个人同时拥有考古学和科学两种技能,这通常很难,但不是不可能,比如佛兰纳里就既是一个人类学家也是一个动物学家;亚里桑那大学的地质年代学实验室里也有不少这样的天才人物;伦敦的考古研究所里也有几位对考古学极有兴趣的科学家,其中最有名的是考韦尔。在这一方面,美国大学的人类学系研究生非常需要正视这个现实,应当在课程的设置上加大科学训练的力度,比如说,就像分析语言学家的训练那样。如果不能做到这一点,考古学家必须至少能够知道:(1)微观环境信息是聚落考古必不可少的组成部分;(2)尽量使自己熟知当代科技可以提供哪些类型的信息以及怎样获得它们,以便很好地部署自己的田野工作计划,并知道在需要时怎样寻求其他学科的帮助。

第五章　类型学与比较方法

如果说考古学家大约百分之八十到九十的时间和精力都是用在对考古材料的分类上，只有大约百分之十到二十的时间和精力用在对分类结果的进一步研究上，这样的推测应该说是不过分的。这并不是批评考古学研究过于沉溺于分类当中，拿相邻的社会人类学和生物学来说，情况也大致如此。在这几门学科中，科学家们都决不是为了分类而分类的。就考古学来说，分类至少有以下的目的：（1）总结材料，使它们由量的变成质的，以便科学、经济和有效地表述它们；（2）在一个有意义的文化系统中描述并揭示考古现象的单位；（3）确定考古资料特征的文化间的界线并寻找跨文化比较的着眼点，而这些对发现和概括跨文化的模式与规律又是必不可少的。第一个目的不必考虑文化背景就可以进行并达到，而第二和第三个目的则必须和文化系统关联起来。在这里，我倾向于把第一个目的视为第二和第三个目的的基础，并且认为所有的考古分类在动机上都是理论性的，因而可以被称为类型学（在本书中，类型学不等于分类，除非有明确的提示）。

泰勒对考古学中的比较分类法与缀合研究法进行了比较，

他认为：前者是从文化系统之外来观察其不同构成部分的相互关系的，而后者则是从内部来观察的。显而易见，泰勒更喜欢后者。在上两章中，我们对聚落及其微观环境进行了界定和描述，下面我们将根据我们对其相互关系的理解，试图在聚落内区分出有意义的文化单位，以作为文化系统的具体框架，建立起一种考古结构。从逻辑上说，源自文化内部的结构类型比通过文化间的比较所得的比较类型具有优先权，但是，考虑到在实践中如果对一个文化的实物没有很好地把握，就很难有效地得出关于其结构类型的认识，我们还是将类型学与比较方法这一章放在考古结构及其描述方法之前。

哈罗德·康克林（Harold Conklin, 1962）的研究清楚地表明了在考古学的体系之内来描绘结构的类型是多么的困难。"为了区分语义结构分析和对随机安排的表述间的重要区别"，康克林"列举了一整套大家都熟悉的分类标签，比如美国的货币分类系统等"。因为无论是康克林的推理过程还是他所得出的结论，对我们以下的讨论都是至关重要的，我将较多地引用他的著述。

> 除了大量的同义词汇、大面值货币和二元币的表达法外，……任何民族学者都应当会遇到下面九种常见的有关货币系统的分类标签。
> 1. 角   D
> 2. 五角   F
> 3. 五   U
> 4. 五分（硬币）   H
> 5. 一   O

第五章 类型学与比较方法

6. 一分（硬币，比如便士，最小的货币单位）　　P
7. 二十五分　　　　　　　　　　　　　　　　　Q
8. 十　　　　　　　　　　　　　　　　　　　　T
9. 二十　　　　　　　　　　　　　　　　　　　W

几乎没有哪一个货币系统和这个分类体系完全一致。但不同货币系统的不尽一致之处只是表明了可以对上述九种最常见的标签作出不同的排列或调整，并不能否认它的普遍性。为了简洁起见，我们把这种分类方法数字化和图表化（图5）。假如

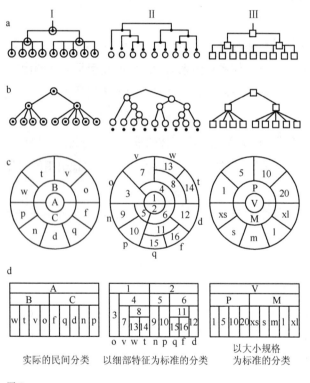

实际的民间分类　　以细部特征为标准的分类　　以大小规格为标准的分类

图5

我们需要用不同的排列方式来表示上述诸分类标识在民间货币分类中实际的运用，比如像图 5 中的例 I 和例 II，我们可以进一步设定 I 中 A 表示钱（或者现金），B 表示钞票，C 表示硬币，那么，对这一民间货币分类层序中 12 个单词素的英语分类标签，我们可以用四种相互替代的方式来表达；在 II 中，我们把各种情况先数字化，然后也用四种方式来表达。

  1a 形状：长方【1】
   2a 雕刻的人像，碎的椭圆形【3】   O
   2b 雕刻的人像，碎的椭圆形【4】
    3a 头发，黑色【7】   V
    3b 头发，白色【8】
     4a 围脖，黑色【13】   W
     4b 围脖，白色【14】   T
  1b 形状：饼状【2】
   5a 边缘：光滑【5】
    6a 侧面人像，没有胡子【9】 N
    6b 侧面人像，有胡子【10】   P
   5b 边缘：粗糙【6】
    7a 背面有鸟图案【11】
     8a 命名：13 个字【15】   Q
     8b 命名：10 个字【16】   F
    7b 背面没有鸟图案【12】   D

  从我们对民族学货币分类系统的不完全的比较分析可以看出若干重要但并不总是很明显的特点。如果我们关注的焦点是一套分类体系是怎样既相互对比又分等级地、内在地在认识论的层次上关联在一起,那么,仅靠对一系列对象做外表特征的观察与区分是远远不够的。在Ⅱ中【1】∶【2】的对比具有文化和认识论的意义,而【5】∶【6】或【11】∶【12】的对比就不是这样了。而Ⅰ的分类由于是通过跨文化的概括而得来的,则更易于反映这种意义。尽管在此我并不打算专门探讨这个问题,但是请注意,尽管硬币的颜色、大小、重量及纸币的吉祥数字与人像的不同仍然具有认识论上的重要性。但除了对钱币专家——上述因素正是他们人为选择的结果,这种意义实际上是很难被证实的(Conklin,1962:88-90,文字略有改动)。

　　上面的说明已很有启示,但我对康克林所未涉及的一些方面更有兴趣。上述的Ⅱ是对九种货币单位可据形态的差异所做的诸多人为性划分排列的一种,照这种方法,还可以做出成百上千的划分和排列,其中相当一些会具有文化方面的意义,而且必有一种会和例Ⅰ即民族学中的实际分类完全重合,例Ⅲ就是这样的一个例子,其内容可表述为下表:

V:贵重物品——可以从各种背景材料中推知(比如通常放在安全的地方;量很大;准此,银行存折、支票、证券等可以被排除在外)。

P:纸质物品——可以据面部设计和其上的人像等分成不同的级,未必成双出现:

　　1　印有一字和数目字"1"　　　　O
　　5　印有五字和数目字"5"　　　　V
　　10　印有十字和数目字"10"　　　T
　　20　印有二十和数目字"20"　　　W

M：金属物品——可据大小分成不同的级
　　XS：特别小的，五级中最小的　　　　D
　　S：小的　　　　　　　　　　　　　　P
　　M：中等的　　　　　　　　　　　　　N
　　L：大的　　　　　　　　　　　　　　Q
　　XL：特大的，最大的一种　　　　　　F

　　如果在作出纸币与硬币的区分之后，一定坚持要用某种均一的指标——比如数字符号或人像形式（两者可任取其一）来对两个大类做进一步的细分，也会得到理想的效果（比如纸币：1，5，10，20，；硬币：1，5，10，25，50；或者……）。

　　这样的划分和考古学的相关性是显而易见的，在以形状及其细部特征为分类标准的例Ⅱ和以大小规格为标准的例Ⅲ中。划分标准与考古分类通常所采用的标准一样，都是可以观察到的外部形态的差异，此时考古学研究所面对的真正的问题并不是"是否可以根据外部形态的差异做出具有文化意义的分类"？（这一点已是毫无疑问的，否则人们何必要创造这些差异呢？）而是"我们怎样才能够找到那蕴藏在这些差异中的文化意义"？民族学家可以直接去问他的研究对象——差异的创造者，而考古学家则不能，他们只能依靠自己，只能自己探索在一个体系内按照文化的内在意义来安排材料的方法。

　　嘎尔丁（Jean-Claude Gardin, 1965）在其最近的一篇文章中指出，语言学和社会学某些分支学科中的成分分析法如果被加以改造，比如说将土著词素换成一种语言代码，并将从语言分析到特征—规则的分析顺序颠倒一下，改成从特征—编码到语言—规则，就完全可以运用于考古学材料。这种逻辑与成分分析法确实有形式上的相似之处，但却有可能使我们陷入"丢掉分析的目的"这类潜在的危险，我不禁要问，"那么分析完成以后呢？"考古学研究根据遗物的特征划分类型（类似于一种语言的代码），再根据器物类型重建史前的文化（类似于语言学形式规则）已有丰富的经验，为什么还要对这些驾轻就熟的做法再进行成分分析而同时却没有获得任何新的东西呢？

我们不必一定要从语言学或社会人类学中去寻找对考古遗存作具有文化意义安排的分析工具，因为比较本身就是一种工具，考古学研究就是比较研究，除此以外别无他法。

怎样才算是对遗物的具有文化意义的分类？什么是考古聚落的结构？这本是下一章的内容，但在此我不妨先简略地涉及一下。"正确"的分类应当反映或大体反映被分类对象（考古遗存）的创造者对其所处的世界的理解——不管是有意也罢，无意也罢；清楚也罢，含糊也罢——这种理解构成了他们行为的基础。这样所分出的类为理解不同事实之间的关系提供了一个结构模型，它在很大程度上独立于分类者且具有比较上的意义，在此，比较上的意义指的是它依照某种一致的规则在多种不同的情况下对分类者的经验都是有效的。

我很欣赏凯格尔（Alex Krieger, 1944: 212）的一句话，"如果没有被其创造者以外的社会所认可，差异……几乎就没有任何历史性的意义"。如果一种民间分类体系被民族学家揭示出来，并对他所研究的文化具有了某种重要性，这套分类体系的生命力就超越了其使用者，就可以代代相传或被传播采借到其他的人类群体中去。斯泊尔丁曾指出："任何一种逻辑一致、界定明确的社会行为模式都具有历史性的意义，都可以帮助我们正确领会其任何两个组成部分间的异同。"（1954B: 392）

这话很有见地，而且反过来说也是可以成立的：任何一种具有历史性意义，可以帮助我们正确领会两个不同对象间的异同的分类，都可以被称为是一种"逻辑上具有一贯性且界定明确的社会行为模式"。斯波尔丁坚持认为"分类就是分类，如果要得出具有历史性意义的解释，分类必须脱离开每一个具体的文化背景"（1953a：305），而詹姆斯·福特则认为，"为了在一个文化传统中得到像绳纹陶这么一个具有历史性意义的分类单位，除了对不同时代的各类遗址进行细致的比较之外别无他法。"（1954：391）

斯波尔丁和福特的分歧就是科学争论中一个很有趣的例子：双方都有道理，但双方都行不通。对我来说，"类型"是指一组共同享有某些特征的器物或现象，这些特征使它们与其他的器物或现象区别开来。克拉克洪按照列维—斯特劳斯的概念，将"文化"定义为"关于一个人类群体的日常行为的一整套模式，无论从研究的角度还是范围来讲，它与其他的模式是可以被明确地区分开的"。如果把上述的"一个人类群体"换成"一个行为系统"，克拉克洪的定义正适合于我所指的"类型"这个概念，因为文化也是类型划分的结果，只要我们坚信行为模式的存在，同样就应当承认行为类型这个事实。实质就在于我们用其内在的逻辑性来排列它们，而类型学方法就是要揭示这种内在的逻辑性，类型学是否能做到这一点或怎样做到这一点，则是另外的问题。重要的是结构类型是一个系统必要的特性，这样，这种系统内的类型学对于分析与开展历史研究就具有头等重要的意义；而如果说行为的类型具有历史性的内在意义，那么，比较研究就是一个从经验角度可信地揭示它们的有效的途径。（Ackerknecht，1954：273）

我曾经说过，一个类型最重要的特性就是能够和其他的类型明确地区分开来，"选择研究单位……必须要选择那些和其他单位界限明显的"（Harris，1964：12）。类型这个概念的核心就是它和其他类型相同的性质，描述一个类型的方法就是确定到底是什么东西使得它与其他类型不同。如果在类型学的研究中。两个器物被划归两个不同的类型，那么主要应是因为它们两者很少有相同之处，而不是因为它们和其他器物的相似程度如何如何，有两个方面是我们做出如此划分所必须考虑的：（1）它们各自的内在属性；（2）它们的相互关系以及它们与其他器物的关系。在此，"关系"一词有两重含义：事实的和潜在的因果的关系。而我们只对第一种关系比如说为什么甲和乙（而不是和丙）相伴随感兴趣。为什么？这个问题留待后文讨论。

器物的内在属性作为人所生活和行为的自然背景的构成部分是十分重要的。由于内在属性往往是多重的，其中某些对器物间的关系有更为重要的决定作用。要究明两者之间的确切关系，我们必须首先明确我们感兴趣的是器物间的哪些关系？特别是，任何一种器物都可以置身于不止一种关系之中，就像一个自我可以加入诸多不同的亲属系统关系中，所以每一内在的特性都可以被视为一个参照之点，也正是因为如此，文化特征的比较不能离开它们应有的背景。

任一系统内的关系都不是完全确切的，这正是科学研究存在的必要性所在。对一个单独的聚落的考古遗存来说，考古学研究必须根据遗存的经验特征（内在特性）的组合关系做出尽可能多的分组，他采纳的标准可以是对立的，也可以是量化的，前者用两两相对的括弧（couplets）来表示，后者用分级的灰度（grades）来表示，最后所得分类的总结果等于括弧之数乘以灰度之数的积。每一个器物由于其所具有的多方面的经验特征,可以同时属于多个不同的类,这样的类实在是太多了,但只有其中的一个分类或几个分类的组合才称得上是真正有文化意义的类型。斯泼尔丁(1953a)提出了一套舍弃无关宏旨的各种分类、获得真正的器物类型的统计方法,但是,他并没有证明,他所获得的类型就是具有文化意义的分类类型。

要证明类型的文化意义,我们必须不仅仅停留在某一聚落上,而应放眼于一个更大的研究范围,同时不能忘记,聚落才是进行器物之比较研究的背景。让我们假定,在这个更大的范围内,由于多种原因特别是由于具有共同的历史经验,聚落间更为相像,其中有两个聚落完全一样。当然,这是不可能的,因为如果真有这种情况,这两个聚落就会被我们当作一个来处理。更为可能的是,每两个聚落都不完全一样,有些相互间甚至差别极大,如果把它们依次排列,两两间相似的程度各不相同,变化或逐步或突然,除了我们对其两两之间所做的比较是具体的之外,时间与空间的向度在此都是抽象的,但这种抽象性是极有意义的,因为一旦事实被确定下来,我们就要将之用之于历史的目的,把抽象的时间和空间予以复原。在此,需要强调的是,我们所做的是根据对现存关系的体认来对对象进行分类,而不是解释这些关系,否则,我们就会陷入逻辑上的循环论。

面对聚落的经验性分类中存在的诸多相似之处,我们应当问三个问题:哪些类型是彼此共存的?哪些类型是随着另外的类型不断变化的类型?两者各占多少?如果一个类型与另一个类型共存,通常不外乎两个原因:它们是同类或者它们是伴随类型;而一种类型随着另一类型而变化,也不外乎两个原因:

它们虽不连贯但仍然是同类,或者它们是伴随类型。第三个问题与数量有关,当然对于分析考古材料是十分重要的。

曾经在 30 年代引发了考古学上第一场类型学革命的克拉克洪在其《考古学理论中类型学的应用》(1960)一文中已预见到这个问题。下面我列出该文中所列举的有待解答的疑问:

——是(有牙的)猿还是人?
——这个陶罐是接近于维根特(Wingate)的白底黑彩的"理想类型",还是仅与此类型相似而实际上属于另外一个陶器类型?
——哪些和哪些显然是匹配的?
——哪些东西最有可能和哪些东西共存?
——是否有一些文化特征或因素对系统的内在属性无关紧要,而仅仅由于一些历史性的偶然因素才彼此联系在一起?
——哪些文化因素是根本不可能组合(共存)在一起的?哪些是仅在非常特殊的情况下才可能共存的?哪些是比较经常共存因而发现这些因素就可以预期其他因素的存在呢?怎样判断?
——如果一文化的结构会发生变化,哪一部分将首先开始变化?
——如果一种有关文化的比较语法能够预见文化的演变,哪些因素将会先于或与哪些变化相关?

这些问句并不仅仅是提请我们在涉及一种具有文化意义的类型学时注意相关的问题,它们也明确地提出了哪些地方尚有潜力可挖以及怎样获得预期的收获。虽然它们都以问号结尾，却同时提出了更多的应沿着同一条道路想下去或做下去的东西。自从克拉克洪提出这些问题以来，还没有哪一个人类学家真心诚意地试图去解答这些问题，不过我猜测，即便有人这么做了，有些问题被搞清楚了，新的问题又会不断地产生。

上面讲了一些原则性的问题，剩下的是实施这些原则的具体的操作程序。首先要声明的是，我大体上赞同凯格尔的信条："理论家往往难于以实际的材料证明他们的观点。"（1960：154）即便像伟大的爱因斯坦，也长时期无法确切地证明他的广义相对论。但是对于考古学家，有一点则是十分明确的，即他很清楚如何从比较中提炼出类型来。首先，考古学家乃是根据器物的特征将它们划归为不同的类型；其次，他以统计的方法或其他的方法将这些类型归并在同一器物群的不同的单位；再次，通过将研究范围扩大到多个器物群，他考察他所划分的类或单位在各器物群中的分布模式，概括出具有文化意义的类型来。最后，他在聚落结构中将这些类型做成一个分层的结构。

前文所述的美国货币单位就是一个对考古分类非常有用的例子，因为两种分法——杜撰的和事实的——都是根据可观察的特征概括出来的，这与考古学通常采用的分类标准是一致的。假如我们发掘了一个遗址，在一个保险柜里出土了一些钱一类的东西，前述的序列Ⅱ和序列Ⅲ都应是可信的考古分类的结果，当然，在此还要假设事实上的民间分类体系也是明确的，而在一般的考古工作中，这是不可能的。让我们继续假设——把遗址撇在一边，并假装不知道事实上的分类体系，我们将很难在序列Ⅱ和序列Ⅲ间做出抉择，认定哪一个更符合实际情况。但是可以肯定，如果发掘了多个遗址，出土了多个装有钱的保险柜：一些装的是美国的货币，一些是加拿大货币，还有一些是墨西哥货币。通过比较，我们应当可以发现哪些标准（比如人像、标记、规格、材质）相对来说更常见，更有意义（比如装饰的细节、脸的朝向等）。

让我们重新回到凤鼻头这个例子。在凤鼻头龙山时期的地层里出土了数量庞大、变化多端的陶器遗存，根据陶色，可以分出数十个色差；根据硬度，至少可以划分五个级别；陶质也有好几种。另外，至少有二十种口沿，几十种装饰工艺和图案，等等。如果把这些不同特征排列组合一下，可以得出一个天文数字的陶器类别，而实际上这样所得的绝大部分类型是不存在的。在这种情况下，考古学家的首要任务就是，设法把那些细小的没有实际或结构方面的意义的差异并入那些重要的、有实际和重要意义的差异中，这个归并实际上就是差异的分级问题，即要确定哪些差异是同一档次的，哪些是次一级的。

在凤鼻头遗址，共发现了四种硬而有光泽的陶器遗存，它们在质地、器形和装饰纹样上互有交错，仅可靠外表颜色——诸如黑、黑灰、灰褐、黄灰等将它们加以区分。那么这样的区分是否代表不同的类型？或者它们仅仅是同一类型的不同变体？还是一个大类之下的四个亚类？考古学家可以有多种办法来回答此类的问题，而且许多其他相关的信息必须被加以考虑。但是通过比较研究，我们很快同时也是非常清楚地发现在台中和台南——目前还不太清楚华南的情况——只有灰黑陶一种在其他的遗址中有所发现。因此，我的结论是：（1）四种陶器遗存应属于一种类型的不具有历史意义的变体；（2）在凤鼻头而不是其他的遗址发生这么多变体是一个很有趣的历史现象。如果考古资料情况不是这样，我想我们所得的结论肯定也会有极大的不同。

凤鼻头遗址一共发现有两种彩陶，都是用一种黑褐色的颜料绘的。不同的是一种是绘在夹砂红陶上，另一种是绘在细泥红陶上。在这两种红陶上，除了彩绘装饰以外，还有其他的装饰手法，主要是一些刻划纹和戳印纹。这样，我们就面临着两个可能的分类系列：

系列Ⅰ（比较的层次：陶质，装饰）
  1. 夹砂红陶
    a. 彩陶
    b. 刻划
    c. 戳印
  2. 细泥红陶
    a. 彩陶
    b. 刻划
    c. 戳印

系列Ⅱ（比较的层次：装饰，陶质）
  1. 彩陶
    a. 夹砂
    b. 泥质
  2. 非彩陶
    a. 夹砂
    b. 泥质

显然，采用上述不同的分类系列对陶器进行计量统计和层位分析所得结果肯定是大不一样的。为了使自己的研究更有意义，我自己可能会采用第二个系列，因为经过比较研究，我们已经发现陶器的纹饰在华南地区的整个龙山时代具有特殊的历史意义，这一点在很多遗址的很多器物上都已经得到证明。

考古学中的类型都是通过比较而确定的，如果这些类型没有历史的意义，不能引起我们的注意，它就得不到广泛的接受。凯格尔（Krieger, 1960：143）曾经指出："虽然没有人明确地说明在（美国）西南考古学中使用的陶器的类型的获得方法和理论（现在的情况已不再是这样了。——张光直按）……但是西南考古学家从经验的角度理所当然地接受了大多数这些类型的概念：大家都认识它们，它们对重建历史是有用的。"斯泼尔丁曾经认为，"有人批评福特没有科学地、系统地用简单的模式来安排他的材料，而福特的反驳是他的安排是完全正确的"（1954a：113）。其实，科学家经常根据经验处理他们的研究对象而无法用理论来解释他们。我想这种现象可以这样来表述：一种被证明是有历史作用的考古学的类型一定有一个结构的基础。经验可以用来证明理论。实践需要和理论联系起来，但是马和马车可以同时前进，问题只在于两者是沿着不同的道路前进的。考古学家尽可以继续使用他们的办法来对考古遗存进行分类，他们的分类结果既可用于历史目的，也可用于结构研究的目的，只是在这个过程中，他们应当多一点理论意识，多一点方法上的精确性，并且要意识到遗存的背景及其相互间的联系和它们本身一样重要。就实际的分类结果而言，考古学家已经做得相当不错，如果再考虑到考古学的类型实际上有着很强的定量的特征，这可能是考古学理论中对具有普遍意义的文化类型学的一个非常重要的贡献。

第六章　考古结构与方法（之一）

阿尔福雷德·克鲁伯曾经注意到，"最近十年左右，结构一词突然变得非常时髦……而且仅仅由于其悦耳的发音，它越来越倾向于不加区别地被滥用"（1948：325）。奇怪的是，考古学家似乎并没有跳上结构主义的这趟快车，不过，舍弃结构一词的表面的诱惑，考古学家的确有理由好好利用一下"结构"这个概念。在讲到"社会结构"这个概念时，列维—斯特劳斯特别强调指出，社会结构"与经验性的实体无关，而是由此抽象出来的模式"（1963：279）。在他看来，符合下列条件的模式才能称得上是"结构"：

1. 它展示了系统的特征：它由许多要素构成，其中任何一个要素的变化都不可能和其他的要素没有关系；2. 对任一给定的模式，我们都有可能在一组相似的模式中确定它所处的序列位置；3. 由于上述的特性，当一个或几个要素发生了特定的变化时，我们完全可以预期模式会发生怎样的应变；4. 模式能够使各组成因素变得更为易识。（1963：279 – 280）

或许他还应当讲得更明确一点,尽管研究者面对的是同样一群材料,由于目的不同,可以有多种不同的构筑模式的方法。至少就考古学来说,模式的构筑就是一种类型学的操作。我想很少会有考古学家不同意博瑞的以下观点:

> 由于研究者希望获取的信息不同,对同一群材料应当有不同的分类方法,而且通常这些分类不应当发生巧合……如果只用一种分类方法,虽然这个研究者本来希望从这批材料中发现尽可能多的信息,实际上他很难达到他的目的。所以……我们应该得出这样一个结论,对一批考古材料,我们应当提倡多种的分类尝试,至少不能只进行一种分类。(J. O. Brew, 1946: 46)

正如第五章所讲的,一个类型既是一个由多种因素组成的结构,又是一个可以参与更高一级的结构的组成的因素。由一组器物或现象所构成的一个类型就是一个从这些器物或现象抽象出来的模式,而聚落结构就是由不同的器物或现象与类型所构成的一个类型模式。而聚落结构本身也可以被看成是一个在时间上和空间上更大的结构的组成部分。为了很好地对各类类型加以排比,我们必须:(1)明确我们建立模式的目的;(2)确定和此目的相关的比较标准和层面并始终坚持不渝。

也就是说,目的决定手段。当然,达到一个目的也可能存在不同的分类方法,因此我们必须注意从不同的角度进行分类的可能性。由于研究目的具有不同的层次,因此,进行类型的对比也就相应的具有不同的层次,如果我们必须将某一层次作为我们的首选层次,包括将某一系列的类型作为我们构筑概念和进行操作的首选单位，其他的层次和类型概念相对于这一目的就都成为从属性的，因此，必须弄清楚考古学的目的到底是什么——什么是考古学的首要目的。

对不同的考古学家，这个问题的答案可能并不一样，我觉得这没有什么不好，每一个考古学家尽可以从自己的位置出发来探讨考古学的基本的理论问题。这不是和稀泥，希望讨好每一个人，因为我认为每一个考古学家都应该有一个理论支点，尽管绝大多数时候不同的理论观点往往并不那么容易被人接受。

我非常赞同斯泼尔丁的观点："考古学最根本的目的是永远不变的——那就是将所有的考古资料全都系统地关联起来，这不仅仅是一个考古学家孜孜以求、不断追求的目标，也是作为一门科学得以存在的理由。"（1953b：589 - 590）我要补充的是，考古学的首要目的也可以说是用有效的手段通过考古资料来了解人的世界的本质——它是什么或者它曾经是什么，为什么会是这样。我不是说考古工作的每一部分都应该明确地和关于人的普遍问题结合在一起，有些工作是很具体的，很难和普遍性的问题直接联系起来，但是，如果我们心中一直怀着这样一个目标，通过一系列的工作（其中每一个都有自己特殊的贡献）将会有助于我们理解人类的文化和历史，否则考古学家非但很难对人类知识进步作出应有的贡献，也很难说对社会有什么用。

这个目的不说自明，相对于它，其他的目的都应是从属的。前面我们已经说过，社群应是第一位的研究单位和操作概念，而考古聚落是社群在考古学中的对应体。社群是"一个最重要的社会机构或社会系统，是理解社会的钥匙，是一个文化模式，而且可能是最重要的一个文化模式……因为它是一个细胞性的结构，是文化的普遍的、稳定的形式，它不仅规范着人们的行为和关系，而且规范着时间和空间"(Arensberg and Kimball, 1965：Ⅸ-Ⅹ)。不仅在当代文明中，社群是被这样定义和研究的，在考古学中更应当是这样。社群规范着人这种社会动物的一切行为，它把日常生活和梦幻世界区分开来，把日常事件和丧葬、结婚、战争等特殊事件区分开来，把邻里和陌生人区别开来，把自用的和出卖的产品区别开来，把不熟悉的和未知的区别开来，等等。人、物、事件都是首先被放在社群内加以认识和把握的，超出这个范围的，将会以其他的方式加以安排。我们可以看到，考古学的这一基本单位和斯图尔德在《美国南部印第安人手册》(1949：672)中的民族学的单位有着基本的相似性："在这一组织中，其成员基本上是永久地相互联系在一起的，他们参加共同的经济、社会和宗教活动，接受共同的伦理约束和政治统治。变化的是群体本身和认同于共同的文化的行为模式。"

　　社群是由一群活动着或相互作用着的人构成的，而考古学中的聚落却是一个由时间、空间、有意义的形式和"稳定态"所界定的经验实体。形式是人类的技术文化的表现，时间和空间也有清楚的可以界定的界限，那么，社群和聚落是不是就可以等同起来呢？我用另一个问题来回答这个问题：在社会学的术语中，聚落——一个生活在具有文化意义的空间和时间范围内的一群人的行为集合，这些被留下来的东西不仅表达了一种共同的文化，而且这种表达在世界上是独一无二的，不仅构成一个完整的文化体系，而且构成了一个更大的自律的体系的一部分，这样一个聚落概念到底意味着什么？我把这个考古聚落作为我研究的首要的单位，我相信通过它，其他的概念和模式都可以被转变成一个具有理论意义的、连贯的系统框架，至于其社会学和人类学的意义，则应由我们的社会学和人类学同行去深究。

列维—斯特劳斯说,"规律永远不能在具体的层面上被加以已察"(1953：90)。用来关联考古资料的模式就是一种考古结构,对聚落来说,模式是内在于它的,模式是用来关联在聚落里可以看到的材料的,我们可以称这种模式为微观的结构。由宏观结构在一个较大的时空范围内组成的模式——一个可以把不同的聚落（从至少两个到地球上全部的聚落）为不同的研究目的而关联起来的模式,将被称为宏观结构。构筑这些结构的过程,将分别被称为微观描述和宏观描述。对若干术语做必要的解释是应该的,而逻辑却异常简单,在本章对微观描述以及下一章对宏观描述的讨论中我们将会清楚地看到这一点。

在此,我们不打算抽象地介绍微观描述的各种方法,否则,我们将不得不对社会人类学的方法做一系统的清算,这其中很多并没有考古学的适用性,并且会遗漏掉其他的对处理考古资料非常有用的方法。我将有选择地介绍一下和考古学关系最为密切的这类方法的主要方面。

文化生态学

社会文化遗存及现象和微观环境之间的关系是文化生态学关注的主要问题。斯图尔德（1955：40 - 41）所列举的文化生态学的三个基本程序同样也是适用于考古学的：（1）分析开发和生产技术和环境间的关系；（2）用特定的技术手段开发特定的地区的行为模式；（3）开发环境的行为模式和文化系统的其他因素之间的相互影响及其程度。这些是概括超聚落的人与环境的有机关系所必不可少的,而且可以加深我们对单一聚落的理解。

这样的研究近来非常流行,而且颇富成果,但是还是有必要提及一下格尔厄姆·克拉克对史前欧洲的研究成果（例如克拉克，1952）和美国最近对史前聚落形态的研究。克拉克对史前欧洲食物获取方式和环境关系的富有洞察力的分析及其他对史前史的生态经济学的理论探索（1953），不仅证明了其可行性，而且在很大程度上唤起了考古学家对这一问题的广泛兴趣。

很早就是文化或人文地理学的一个分支的聚落形态分析（Willey，1953、1956），对考古学家同样是十分有用的，因为：（1）它是可操作的；（2）它以和聚落内居民的技术层面相关的方式非常敏感地显现了人与环境关系的空间特征；（3）它提供了一个人所公认的主要是通过聚落形态而和环境密切地联系起来的研究社会组织结构的人口。更为重要的是，聚落形态分析对宏观性的研究和描述具有十分重要的作用，这一点在后文将要详细地加以讨论。

时间、空间、容量、复杂性和特质

聚落还有一些较为抽象的特性，它必须通过和聚落的其他特性相联系或者相比较才能够被明确地加以表示。

时间、空间和容量就是这样一些概念。在一个特定的时间与空间范围内，聚落的规模到底有多大？这个规模应当包括人口的数量和其行为的总量。梅干和其他一些学者（Meighan et al.，1958：3）认为下列材料对于推定聚落的人口有非常重要的参考价值：房屋的数量、遗址的面积、墓葬的数量等，我们认为，还应当加上文化遗存的总量。要表示遗址的容量，这些材料必须被限定在特定的时间和区域范围内，而量的大小也总是通过和其他的量的比较而言的。

还是以凤鼻头龙山时代的四个聚落作为例子。这里陶片的数量和重量与遗址的占据时间和范围可以联系起来，选择发掘的范围是根据地表遗存、沟坎断面以及系统的调查结果确定的，而且据我个人的判断，陶片的量化指标对遗址的整体具有一定的代表性。如果假定遗址内可居住的面积一共是 60 000 平方米，我们可用六块经过仔细挑选的发掘范围来代表六分之一——即 10 000 平方米的遗址情况，而每一区域的陶片总量可以通过计算实际发掘探方的面积和陶片量与 10 000 平方米的比例推算出来。当然，这样的方法未必精确，因为有些区域可能很少有人类活动的遗迹，所以结果可能会有一些浮动，但是由此而得的一个相对性的趋势应该是有意义的。

  1. 细泥红陶聚落　估计聚落的总面积约 40 000 平方米，陶片总量约 46 000 000 片。

  2. 夹砂红陶聚落　陶片总量约 44 000 000 片，聚落面积约 20 000 平方米，陶片有所减少，但聚落面积更小。

  3. 贝丘下层聚落　陶片约 111 000 000 片，聚落面积 40 000 平方米，陶片量空前增加。

  4. 贝丘上层聚落　陶片约 196 000 000 片，聚落面积 50 000 平方米。

  在评估这些陶片数量的意义时，我们不能忘记它们各自持续的时间范围——500 年，当然，如果是拿凤鼻头遗址和其他的遗址相比较，这个因素或许可以不加考虑。根据我自己拼对复原陶器的经验，大约 100 块陶片可以复原一个完整的器物，因此，我们可以推算出每一聚落里每年打碎的器物的数量，见表 2：

表2

	500年间陶器总数	每年陶器数	增加的百分比
上层贝丘期	1 960 000	3 800	253
下层贝丘期	1 100 000	2 200	222
夹砂红陶期	440 000	900	180
细泥红陶期	460 000	1 000	100

说明：假设以细泥红陶聚落的陶器数量为100%，40 000平方米为遗址面积相比较的基数。

根据表2我们可以看到，被打碎的陶器的数量在不断递增，陶器更新的速度在加快，表明了使用陶器的人口或者说人类活动的行为在不断地增加。考古学家曾经设计了多种多样的估算史前聚落人口的方法（例如，Heizer and Cook，1960），考古资料可以被灵活地加以运用，以比较不同聚落的人类活动的强度。

一聚落中文化的复杂性和根据比较与综合的原则所得的类型的数量有关，也和根据不同的标准在不同的层次上用这些类型可以构筑的结构的数量有关。一个聚落的容量当然也是一个可资比较的对象，而聚落的复杂性和聚落内人类活动的强度总是明确地联系在一起的。由于篇幅所限，像这些复杂的问题在这里不可能讲得很清楚。

变化、关系、数量和社会分层

用怎样的分法才能分出考古材料的实际变化以及相互间的关系？我想这正是微观描述的核心所在，大量的考古学家在此倾注了大量的心血，而进一步的探索仍然十分必要。解释这些关系的两个主要的相关因素是社会群体、时间和行为，这些下面将有进一步的讨论，在此，我将讲一讲通常的观察。

任一考古类型都是构筑构成某一或某些微观结构的一个或一组因素，由于类型可以位于不同的层次，因此，考古学家总是不得不在聚落内确定比较的层次以恰当地界定比较对象在结构上的距离。是否应当有一个基本的关于文化遗存的分类体系，就像《人类学随笔》（Murdock et a1., *Note and Queries in Anthropology*, 1961）提出的那样，可以作为一个普遍的模式，任何考古聚落所出的遗存及其分类结果都可以套进这个模式？还是应当根据每一聚落的特性设计自己的分类体系，以便更好地体现材料的特点和状况？在为其"缀合式研究法"设计操作程序时，瓦特·泰勒看来是倾向于前一种的，而且从绝大多数考古报告来看，那些对重建已逝的古代文化感兴趣的考古学家们普遍都是这样做的。

这种做法相对于它们的研究目的是相宜的，但是，考古学不是人类学，因此，考古学不能完全照搬人类学的研究方法。《物质文化概说》（*Outline of Cultural Materials*）的编者一再提醒实际工作者，"没有哪一种文化会和本书提供的框架若合符节，研究者必须准备好根据自己面对的具体情况对分类的体系作出调整，同时也不必拘泥于用本书提供的体例来组织和发表他们发现的材料"（Murdock et al., 1961：XXⅢ）。但是，即使这样，即使分类层次等在不同的对象群体中会有若干的差异，《物质文化概说》一书所包含的内容的种类和范围在每一民族群体中应该都是一样的。一个民族学家——如果他愿意的话，可以以《物质文化概说》作为他在田野工作中采集资料的参照指南，而考古学家就没有这样的运气了，考古学家只能采集那些恰恰被保存下来或可以复原的资料，因此考古学家面对的比搜集资料更重要的问题是，怎样排比资料，或者说考古学家搜集资料就是排比资料，因此，任何一个以某一体系为优先的分类体系，都可能损害资料的独特性和原初性。所以说，对考古资料进行类型排比的比较层次和参照之点，都是由每一聚落的具体情况决定的。

克拉克洪（1949：300）认为"人类学家的首要职责就是把事件放置于作为其研究对象的人们的视角下来研究"，即"主位研究"，而哈里斯则强调"客位研究"（1964：93）。在本书看来，对考古材料的研究，则应力求揭示资料本身的内在秩序。关键的问题是，考古材料本身是否体现和其主人的认知体系相一致的体系，考古材料的保存和复原状况是否能够或在多大程度上可以揭示这个体系。本书的第五章可以说讨论的正是第一个问题，而对第二个问题，尚不能给出一致的结论。无论考古学家做什么，他都不能舍弃指导理论的一致性和严密性。

量化是一切用来构筑模式的因素的内在特质。"仅仅有文化的分类是不够的，类型之内的信息也应当正确地加以估量，资料的质与量应当被平衡地加以考虑，应当考虑使文化得以运转的自然和文化酵母。"（Taylor，1948：172）建立在由特定的层面和参照之点提炼出来的结构之上的模式会由于其构成要素的量化而表现出极大的不同，而考古材料恰恰是宜于量化的，考古学家发现的很多资料的实际用途往往是不明的，因此强行按用途分类所得的数量结果与其说是体现了事实，不如说是体现了考古学家的愿望。但是如果尝试多种不同的分类方法，而且用理论来指导研究的方法和操作，应该是很有意义的。同样一堆石、陶、骨器，可以在不同的对比层面上用不同的标准进行反复的排比，从而可以提供各类不同的信息。例如：

数量指标——所含信息
1. 石器60%；骨器40%——骨器和石器之比构成一个

有趣的比较的基础，因为骨料的来源主要是依赖于狩猎和动物的饲养。

2. 尖状器40%；斧状器55%；收割工具5%（不考虑工具的材料）——这个比率说明农业微不足道，狩猎很重要。

3. 石（包括骨）器成品，2%；石（骨）料块和废品98%——这一比率体现了一种非常低效的加工技术。

4. 带装饰陶片1%；素面陶片99%——这一比率说明缺乏装饰的欲望，或者说没有闲暇时间。

5. 罐与瓮占20%；碗、杯、豆80%——这一比率说明强调进食行为，很少有食物需要贮存。

还可以获得更多的类似的比率，需要指出的是，这样一些排比，包括其结构和数量上的指标，无论是为比较的目的还是为分析的目的，既可以是特殊的也可以是广泛的，应该视具体的情况而定，但是一系列广泛的相互交叉的分类特别有利于获得对结构分析有用的信息。作为对这些分类之补充，对一些特殊的、严格的类型，即便其每一具体器物的用途并不清楚，我们也可以构筑一些有意义的可资比较的模式来。特别是，一些量化的资料通过与其他包含有同样资料的聚落比，如将一个尖状器占20%、斧形器占80%的聚落与另一个尖状器占80%、斧形器占20%的聚落进行比较，这些微观结构往往可以更有意义。

一旦考古资料变化的类型被确定下来，就应当为它们建立一个分级体系，以便使不同类型间的结构距离和开展比较的层次得以明确。在构筑这些比较层面时，行为的性质和地点都必须被加以考虑，比如通过分析行为在聚落内的空间分布来获得一个或多或少具有层次的行为类型的分级体系，当然，实际的情况会因遗址的不同而有很大的不同。

社群分工

行为是由群体中的人实施的，每一群体都占据有一个特定的位置，这个位置影响着群体的结构。这一现象——即群体性的行为者和特定空间位置的关联的倾向，早已为社会学家所注意（Lévi-Strauss，1963：291；Abernsberg and Kimball，1965：3）。考古学家也把这一点作为其探索史前社会组织的一条通道，包含在聚落形态研究的概念中。考虑到聚落形态的概念和一系列牵扯到各种材料和因素的更复杂的问题有重合之处，我曾经提出应将聚落形态一词严格地限定在特定空间内具有生态学意义的行为方面，而与社会性有关的那部分行为，则以社群模式来加以处理（Chang，1958、1962）。这只是两套空洞的理论性的概念，而不是对资料进行最初的采集和分类的类型标签。

在很多考古遗址中，下列两个参照点是对遗物的变化进行平面性研究时至少应予考虑的：一是房屋遗迹（或者灶坑及伴随单位），一是行为或事件密集而成的遗迹。两者都会有一系列的遗物相伴随。对它们的分析可以说是对聚落的鸟瞰，通过记录房屋遗迹或行为遗迹，分析它们的各种各样的特征以确定可以观察到或进行哪些类型的对比。我们可以不断地提问：

村落是否可以被划分为明确的功能区比如居住区、工作区、广场、墓地？

墓地中不同墓葬是否有明确的类型差异（比如朝向、墓室结构、随葬品、葬式等）？

工作区和居住区的距离有多远？其空间关系的性质如

何界定？某些类型的手工业工作是否相对集中于不同区域？

房屋或者居住单位空间上怎样安排？彼此之间有无关系？其面积大小和内涵有什么规律性？——是否有一些房子比另外一些更大或装饰得更精致？某些房子彼此距离很近而与另外一些房子则距离较远？是否每一房子内都有一个灶坑？是否每一房子内部都有分区？是否可以确定每一房子内居住者的行为特征？如果可以，那么它们构成一种什么关系？和其他的房子有什么关系？

可以提出的问题很多，而如果考古学家在野外发掘中头脑中始终带着这些问题，减少发掘的随意性，这些问题往往能够得到比较令人满意的答案。这样的结果不仅是有益的，而且常常是振奋人心的。罗绍普相信他可以辨别出考克勒（Cocle）地区巴拿马文化每一位陶工的产品来（Samuel Lothrop，1942：5），而对商代随葬品中青铜器纹饰的综合分析（Chang，1964）证明高本汉将商代青铜器装饰纹样分为两个相对的类型，实际上有着社会组织的基础。尽管非常粗糙并充满争议，我自己也曾尝试过通过分析房屋的空间组合模式来探索亲属关系（Chang，1958）。迪兹（James Deetz，1965）和朗艾克（William Longacre，1964）也成功地证明了只要和特定的房屋单位联系起来，对陶器特征的统计学分析可以获得很有价值的社会信息。

上述学者都是将房屋或墓葬作为更为细小的特征所依存的集群单位，而即便从更简单的材料，也可以看出行为的空间分布方面的一些信息。克拉克对斯达卡（Starr Carr）遗址中燧石工具和砍砸器的平面分布与人类生活、工作区域关系的分析是一个极好的例子（Grahame Clark，1954），他的方法是把遗物的分布画在米格纸上。在凤鼻头遗址只发现了一座房子和一座墓葬，但是单是陶片的空间分布，也可以发现很多有意思的信息。对细泥红陶和夹砂红陶聚落期的陶片分布的分析结果不很理想，而在贝丘下层聚落期，我们发现：

> 这里存在着清晰的社群结构……两种类型的彩陶装饰模式各占聚落的一半。尽管聚落内的彩陶在陶质、器形和制作技术方面表现出高度的一致性，但是在彩绘的装饰方面，聚落的北半部则是在矮口罐施彩，罐口很少装饰，而多在肩的上半部绘有由三角形的波段构成的平行线。聚落的南半部在高领罐上施彩，领口上即有分散的平行线，肩部上有向心的圆、曲线和点等。在南半部之内，一些细小但是明确的特征表明其中心和东边还有一些差异，比如聚落中心部位所有的曲线彩饰都是顺时针方向的，而东部则是逆时针方向的。（参见我的报告，未发表）

明确这样的聚落内分区的精确的意义，有待于对遗址整体的宏观分析和与其他聚落的比较研究，需要一提的是，这样的空间分布模式在贝丘上层聚落期仍然存在而未加变更。因此毫无疑问，聚落的各占遗址一半的两部分和社会组织一定具有某种联系，而且我相信像这样的和社群模式有关的细微信息在任何遗址都可以获得。当然，凤鼻头遗址的细泥红陶和夹砂红陶聚落期并未有效地分出不同的区域，但是，像这样的整个遗址内特征的一致性本身也是一条重要的信息。

事件与行为

除了上述的遗迹，从考古资料中提取事件和行为是另一个微观地把握关系的主要参照点。在此，事件是指若干考古遗存证明曾经发生过的事，比如埋葬一个人，表明了一个仪式活动的存在；加工石器的不同阶段打下来的一系列的石片，表明石器制作这一事件的存在。而行为则比较抽象，但行为的通常类型也可以像事件那样被推断出来。一群墓葬体现了丧葬行为，一段时间里积累起来的一堆石片体现了石器加工行为的若干模式。任何一个具体的器物都只能和一个单一的事件确切地联系在一起，这个事件就是它被埋藏以前所参与的事件。当然，从较为抽象的理论的角度说，在此以前，它可能还参与过一系列的事件甚至参与过好几种不同类型的行为，但是那个它确切地参与的事件只能通过它的特征及其被埋藏的背景得以获知，而其曾参与的行为却可以从多个视点来推知。让我们用墓葬中发现的一件陶器为例来对此加以说明。

事　件	行为（例说）	过去的事件
丧葬仪式：在仪式上陶罐被打破并埋进了墓葬	陶器的制作和装饰	陶土的采集；由聚落中A区的一位陶工加工成形，装饰，烧制
	结婚	新娘的陪嫁礼品；展示；携带到聚落内的B区
	获取食物	盛装谷物
	礼品交换	姑娘的成年仪式
	继承	交接仪式
	获取食物	盛装谷物
	埋葬	（最后参与的事件）

同样，一个发现于垃圾堆的蛇形斧的残件也可以做如下的考古学推测：

事　　件	行为（例说）	过去的事件
被扔进垃圾堆	石器加工：经济行为	在另一个聚落中开采石料
	贸易	被交换到现在的聚落
	石器加工：经济行为	打片、磨光和进一步加工
	农业	砍树（反复使用）
	石器加工：经济行为	修理、加工、再磨光
	木器加工：盖房，雕刻	砍树，为盖房或艺术创作加工木材（最后折断到无法修理）

经常有人不恰当地把考古学家推测过去的事件和侦探的工作相类比（McGregor，1965：53；*Clark in Brothwell and Higgs* 1963：17）。然而，考古学家所推测的事件通常是习惯性的、重复性的，倾向于体现一种普遍的模式，而福尔摩斯（Sherlock Holmes，科幻小说中的大侦探）所做的推理，总是根据一些非常特殊的线索复原一些特殊的事件中，这些事件很少重复发生，即便再次发生了，行为者也故意让人难以分辨。上面所举的两个例子应该能够表现考古学家通常就事件和行为所做推论的特点，在这两个例子中，涉及的都是单一的器物，而实际发掘出来的出土物都有伴随器物或者隶属于某些特定的背景，这将会使有关事件—行为的推理比所举例子显得更为特定和可信。

在上面的表示中，我特别注明行为的类型仅仅是一些例说，如前所述，在概括实际的行为类型时必须能够充分地体现器物的内在逻辑。在一个发现有大量的墓葬的聚落中，与丧葬有关的行为更为发达也会受到更多的重视，如果仅仅发现大量的石斧而没有其他的东西，石器加工或者伐木行为是更为可能的推测。在实际生活中，分类尝试和功能的界定通常总是同步进行的（Frake，1961；Conklin，1955）。因此，一个带有先人之见的文化分类往往不能充分利用资料的多样性反而会贬低它的价值。

经由推理把器物编织成事件，把事件编织成行为的类型并和特定的社会群体联系起来，从而构筑起微观的结构，这就是微观研究的操作程序。无论从整体上说还是从其每一个步骤来说，都是在不同的层面以不同的标准为参照的类型学的操作，一件器物可以参与不同的事件，一个事件有不同的行为，某一类行为可以和不同的人类群体联系在一起，因此关键是怎样在一套特定的标准下确定什么器物和什么事件、什么事件和什么行为应该被联系在一起，确定器物与事件的结构距离及其关系的性质。

对于驾驭这些关系，考古学家往往只有两类可以利用的材料，一是器物被发现的空间背景，这一背景正是器物参与的最后事件的背景，然而这也正是同样的器物参与同样的事件的背景。二是器物本身的特性——比如器物的物理化学构成，器形、功能——对于这些，不同的器物可能又有不同的侧重。当然，如果一器物参与一系列的行为，它们的功用就和这个系列有关，此时微观研究的目的就是找到那个可以把不同的方面联系起来的一系列的行为来，这就得靠"推理"，靠"类比"（Analogy）。在这里，我是在最普通的意义上使用这些概念的，因为，聚落是经验性的，超越了聚落本身，就成为模式的构筑，如果我们研究中存在着推理，就意味着其中有些是经验性的而有些则是抽象的。这简直叫人有些摸不着头脑。说到类比，考古学研究实际上整个儿就是类比，因为任何超出器物本身的知识都是关于文化或历史的模式的知识，更不用说再拿这些模式应用于实际。这是不折不扣的类比，只不过现行的概念体系掩盖了这一点（Ascher, 1961; Thompson, 1958）。

第七章　考古结构与方法（之二）

考古学家主要关注聚落群的研究，不管它属于什么时间和空间范围或具有什么样的形式。有一些区域性的专家将注意力集中于某一专门的区域，一般的史前学家以整个大陆和全世界作为自己的研究对象。其中考古学家的主要任务之一是将各种各样的聚落安置在一个逻辑的秩序里面，这是开展宏观研究的原因之一。另一个原因是，所有的聚落都不是存在于真空中，它们互相联系或互相作用：一个聚落演变为另一个聚落；两个聚落合二为一；某一聚落与某聚落建立了联系，等等。聚落间的相互关系可以很密切也可以很遥远，但是，只要存在着这种关系，一个聚落的变化就必然会影响到另一个聚落。如果没有对这类关系的宏观研究，开展微观研究不但是不完备的，而且是不可能的，因为文化的各类因素不但在模式之内互相作用，而且会和处于不同层面的其他模式中的文化因素相互作用，考古研究中一个核心性的概念是每一聚落只有一个微观性结构来填充其整个的时空框架（或一系列的同一层面的同一类型构成的结构），但是只要有足够的参照点和参照标准，它就可以参与到多个宏观结构中去，而且这些宏观结构在时间和空间上不必完全重合。比如,"一个根据文化因素进行的分类,就不必和基于社会组织模式所做的分类完全一样"(Steward, 1949:671)。

因此,宏观研究的方法主要应是人类学或文化史的方法,在这一章里,我不可能把它完全讲透,我将简略探讨一下进行宏观研究时涉及的主要因素和与考古学有关的主要的宏观结构类型。

在开展聚落内和聚落间的比较研究时,有三类资料是必须予以充分注意的:一是聚落所占据的时间和空间位置;二是聚落的全部的类型特征——其容量、复杂性程度和质量;三是聚落的各构成要素及其相互间的关系、其与其他聚落的构成要素的异同与关系。其中第一二类资料提供了比较的背景,第一类资料界定了相互比较的聚落间的时空距离,第二类资料在两个聚落关系的性质已经明确时为开展质与量的比较提供了基础。而聚落间关系的性质又必须依赖于第三类资料:进行比较的聚落及其构成因素相互间的异同。

如果两群特征中有一系列的相似性,很可能存在着以下三种情况:(1)两者来源于共同的祖先文化,同一文化传统的因素在两者中都有体现;(2)由两个不同的文化群体间的相互传播或贸易所致;(3)由于对相似的环境或历史影响的相同适应所导致的平行发展的结果。(Service, 1964:365)

萨维斯接着问道:"怎样通过特征的比较弄清楚到底是上面的哪一种情况导致了文化因素间的相似性?"他建议到:将与共同祖先、传播和独立平行发展有关的各类因素分别聚类,然后经过比较就可得出相应的结论。拿陶器为例,"由于其功能方面的有限性以及陶土等的属性,其许多特征(比如陶质、成形方法、烧制方法、器表加工、器形、大小、装饰及附加部分等)

将会多次在不同的文化中被加以重复或复制"（Service，1964：371）。当然，如果确属平行发展，两者之间可能确无任何历史关系，但是，"有些特征无论如何是不可能老是被独立发明的"——比如规范化、复杂化、特异的组合技术等。

从理论上看，这样的观察是有道理的。用融合的观点当然会发现许多融合的结果，但是，有时候即使没有一味地去这样做，同样会发现彼此之间的历史联系。在一篇我尚未发表的文章里，我对那些体现了相同的适应功能和相似的历史经验的相似的特征进行了辨析，在下表中，前者指的是功能性（或生态社会性的）类型，后者指的是形式的特征（Chang，1960：8）：

生态—社会性的类型	形式性的类型
有限的类型的相对普遍的分布	特殊的理论上无限的
"社会的"：根据对某些词汇的用法	"文化的"（狭义的）：根据对某些词汇的用法
有限的时间深度；只能对功能性特征进行同时性的观察	很大的时间深度；不可能对共时性因素进行观察，只能对历时性或历史性因素进行观察
足以理解所研究的特殊的社会的机制	不足以理解所研究的社会的运作机制，但是可以掌握其特殊性
更基本的	更抽象的；更易变的，和意识形态关系更为密切
可以用广泛的一般性的语言加以描述	因为其高度的抽象性，只能用专门的、精确的语言来描述
分类主要是出于结构分析和综合的目的	分类是为了与其他系统进行微观的比较，以确定其相互间历史关系

这样的区分是为了便于描述，而同样的观察也可以用另外的方法来描述。每一个器物或类型都不一定要么是功能性的要么是历史性的，但是每一器物或每一个模式的构成因素都可以有不同的观察的角度：物理化学的、器形的、环境的、社会的、

心理的、风格的、历史的等等,我们可以归纳为以下四个大类:生态的、技术的、社会的和风格的。路易斯·宾福德(Binford, 1962, 1965)对文化的分类及萨维斯对文化的三分,都是基于对文化过程的同样的理解,而我认为强调对文化的进一步的分类主要应是为了比较的目的,而不是仅仅为了获得一个结构。对器物进行分类研究往往是从上述的某一角度出发的,同样以陶器作为例子:在技术模式的建构中,可以从其物理化学构成的角度进行分类;在食物加工和贮藏模式的建构中,可以从其器形的角度进行分类;划分社群模式可以从其社会角度进行分类;我们可以一直沿着前述的角度分下去。当所有这些角度都被穷尽以后,我们还应当仔细检阅一下还有多少陶器的分类没有被考虑进来,没有被统计进来或者被注意得不够充分。这剩余部分的研究可以统统被冠以历史角度的研究。我说"被冠以"既包括确实属于历史性的,也包括凭我们目前有限的知识尚无法充分把握的那些特征及其分类。这样的处理问题的方式显然具有功能主义的倾向,然而无论我们怎样努力,有时候仍然无法避免将某些无法解释的功能归于"历史性"这个挡箭牌之后。这样的情况将是非常经常的,因为我们从不孤立地解释一件器物,更不孤立地解释一个聚落。我们总是把器物或因素放在其微观结构的背景下、将聚落与其他的聚落相联系或相比较而加以考虑的。当我们考虑一个器物或因素的研究角度时,我们同样要把它和其他聚落中同样的东西的异同作为重要的观察对象和原因包括进来。

在实际的情形中,有一些相似性总是源自历史性的原因而另一些则总是源自功能性的原因,所有用于穿透动物皮的工具都必须有一个尖头;一个用于刮削的工具必须有带刃的边;斧头应该是片状的、有前凸的部分或通体磨光的部分，其横断面应是方形的、矩形的、椭圆或圆形的，而其用于砍的一面可以是对称的也可以不对称。这些特征通常和历史性无关，或者说其历史性在这里是无法把握的。而建筑的复杂的风格特征和纯粹的形式方面的特征则往往是功能分析所无法涵盖的，而往往正是这些边缘性的特征使我们感到无所适从，不过，只要我们将器物放在特定的背景之下，我们就能够根据一些确切的、没有疑问的事实确定在聚落之间究竟应该从何种关系出发进行比较，不要忘了我们的宏观研究是以所有的聚落——其中有足够的其他资料可以帮助调整我们的判断——为首要的研究单位来构筑概念并进行操作的。

将聚落用时空的维度加以丈量或将它们与其他的各具形式的性质加以比较，我们可以得到两种宏观结构——时序的和实体的。在时序性的宏观结构中包含着同时性的和历时性的，在实体性的宏观结构中包含着宏观环境的、技术的、社会的和风格的。将上述各类结构加以组合，一共可以得到八类主要的宏观结构，这是任何一个聚落不可避免地都要隶属于其中，它们是：同时性的宏观环境结构、历时性的宏观环境结构、同时性的技术结构、历时性的技术结构、同时性的社会结构、历时性的社会结构、同时性的风格结构、历时性的风格结构。隶属于这些不同的结构的单个的聚落可能会在某些方面发生重合，但不可能完全重合，文化史的规则就是一个有序的系统，或者说就是不同聚落及其组成部分相互关系的八种类型的系统排列。

同时性的宏观环境结构

有一种观点认为，渔猎性的聚落通常需要一种特殊的微观环境，而农耕性的聚落只需一种一般性的微观环境即可。因此前者通常隶属于一个与较少抽象性的宏观环境联系在一起的宏观结构（与其他的宏观结构相比较而言，由不同的互相补充的部分构成），而后者则通常隶属于和一个更为抽象的宏观环境联系在一起的宏观结构。这样就有三种和宏观结构联系在一起的宏观环境——季节性的聚落环境、半定居性的聚落环境和适应于某种环境类型的文化类型的环境（这一段里过多的复合性的词汇的确非常拗口，然而我故意在一些词汇前加上宏观或微观这样的前缀，是为了保持比较的层次与概念的明晰性和连贯性，同时也为了用词简洁）。

  季节性的聚落系统在新旧大陆的许多旧石器时代和中石器时代遗址中都有发现，第四章所提到的特华坎（Tehuakan）河谷的聚落可以作为一个例子。这种适应于某种单一类型的环境的特殊的聚落往往最大限度地利用其环境几近于它的极限，而又不能够根据季节的变化而加以调整，因此它就不得不在一年的周期内来利用其环境的资源，其人口不得不随着季节的变化而在不同的地点轮回移动，它们在一年内轮回移动的取食区域已经构成了一种特定类型的宏观环境。关于种类结构和这种环境的进一步的讨论，可以参见我的《某些极地地区社会的一种聚落类型和社群模式》一文（Chang，1962）。

  半定居性的聚落建立在比较稳固的基础上以便分享共同的宏观环境，但是不同的聚落可能开发和利用着同一环境中不同的资源，比较理想的例子往往发现于平原、河谷间的农民及居住在附近森林中的狩猎采集者的组合关系中（比如前者用谷物交换后者的猎物），或者发现于绿洲上的农民和附近草原上的游牧者之间（同样是用谷物换取肉食，不过这里是驯化的动物的肉食）。

季节性和半定居性的宏观环境类型往往都局限于比较有限的地理范围内，如果一定要把某种抽象的地理类型和依赖于它的文化联系在一起，较为抽象的人—地关系类型一直是存在的，比如在北美山地中存在着所谓的沙漠传统，科德威尔认为美国的东部地区存在着一种初级的森林文化（Caldwell，1958），米歇尔·科认为在中美洲和东南亚地区存在着热带雨林文明（Coe，1961）。这些在特定的宏观环境类型下产生的主要文化类型在某种程度上和克鲁伯所称的"文化区"有些相似，尽管文化区这个概念还没有被明确和严格地运用于考古学。我想，考古学家反对这一概念的主要原因应是，在考古学中，文化是在一个长时段中运动的，环境也是在变化的，一种文化及其所适应的宏观环境类型不可能永远局限在固定的地理范围之内，所以，考古学家总是首先把他们的眼睛瞄在文化上，同时考虑与文化联系在一起的环境，而不是仅仅盯着固定的地理区域，在考古学上有一个"共同传统"的概念，特指"具有时间深度的文化区"，应当就是一个与"文化区"对等的概念（Bennett，1948；Rouse，1954）。

需要强调的是，对宏观环境的宏观分析不仅仅是简单地认为文化依赖于环境，而是研究文化与环境关系的基石，无论从共时性还是从历时性角度来说都是如此。关系的一边是人类的开发设施和聚落的运转机制，另一边是环境对此的生态性的承受能力，这种相互作用涵盖很广大的范围，并对理解文化本身和文化的演变具有重要的意义（Trigger，1965）。

历时性的宏观环境

将聚落放在一段特定的时间范围内检视它与其微观环境的

关系，至少可以发现三方面的证据：（1）就短时间来说，宏观环境的变化——比如由冰期或间冰期的交替所引起的气候的变化或波动——聚落开发自然资源的机制、它们对环境变化的相应的变化或没有及时变化从而难以发挥作用；（2）就短时间来说，由于聚落在利用自然资源机制方面的不同，从而在应答环境变化时所表现的不同程度和效率；（3）就长时间来说，聚落利用自然资源的机制随着宏观环境的演变而变得更为成熟、更有适应性也更有效率，而且这种变化是周期性的而非直线性的。换句话说，文化是随着环境的变迁而进化的，在考古学中，许多学者用技术、社会和风格三个标准来观察和把握文化的发展或进化，得出了不同的分类结果，其中布雷德伍德《史前史的层次》（Robert Braidwood，1960，*Level in Prehistory*）中提出的"生业聚落类型"（subsistence-settlement type）在各种分类中起着尤为重要的作用，而它和本节的历时性宏观环境的宏观研究问题也密切相关。

同时性技术结构

技术作为一文化开发自然资源的能力的体现，和环境的关系最为密切，因此开展宏观性的生态研究，必须有赖于有关技术方面的资料。然而，技术并不简单地随着环境而变化，它同样需要独立地被加以考虑，在此，技术的概念指的是工具、用具和其他的物品的制作，是和开发、社会及风格等相对而言的一个视角。旧石器时代考古中，对技术研究尤为重要，因为此时人类的技术产品相对说来功能混杂而又形式多样，它们和环境及社会的具体关系往往难以被确切界定，因而为分类提供了多重性的标准。

正因为如此，只有旧石器时代那些大体同时代的聚落才被根据技术的标准宏观地组织进一些大的组群中，因为对它们运用其他的宏观结构分类类型是很困难的。布雷德伍德曾对旧石器时代的工业进行过比较（Braidwood，1946：41）："一群是出自某特定的考古背景或某特定的（没有变化的）的地理背景下的某种质料的工具（可以是一个或多个技术传统）。"——另一群是"属于同一考古背景的各种质料的各种各样的工具"。一考古聚落的技术产品的总和就是社会学中所说的群，但是在旧石器时代的绝大多数情况下，这种工业主要只有一种产品，即石器工业的产品。像第三章涉及阿布瑞·帕托德（Abri Pataud）遗址的奥瑞纳、帕瑞格德（Perigordian）和马德格林等名称，实际上就是指特定的聚落的石器工业的石器制作技术类型的总体特征。其他的与其工业具有同样风格的聚落可以被结合在一起进行研究，而不必考虑它们是否具有相似的资源开发机制、社会组织结构和风格特点。有时候，我们用两个或三个词语组成的组合词汇来表达分类研究所得结构的不同层次，比如博德斯（Francois Bordes，1961）描述欧洲莫斯特文化早期和中期的旧石器工业的词汇系统——莫斯特拉昆纳（La Quina）类型、锯齿性莫斯特类型等，可以在对聚落进行宏观研究时用于描述一些很特定的技术类型。当然，由于旧石器技术变化的有限性以及技术和环境、社会及风格等的不确定的性质，上述的技术类型对宏观研究的作用也是相当有限的。

旧石器时代之后，聚落的技术类型的范围有了空前的扩大，比如陶器制作技术和非陶器器具的制作技术、金属与非金属文化等，从新石器时代开始，就文化史角度对聚落进行宏观研究时，技术方面的资料与聚落的环境的、社会的及风格的特征的联系更密切也更有意思。用布雷德伍德的话来说，旧石器时代之后，人类的工业技术有扩大化的倾向，根据主要的工业技术来对聚落进行分类分析也变得愈益困难。

历时性的技术

对旧大陆史前史的宏观研究主要用的是历时性的技术这一结构。其最早的实践是从汤姆森开始的，现在，就不同的比较与时间层次而言，我们已有石器、铜器、铁器时代，旧石器、中石器和新石器时代，旧石器时代的早、中、晚期，旧石器时代早期的不同段——比如帕瑞格德（Perigordian）、梭鲁特（Sulotrean）和马德格林等，即使在帕瑞格德这一段里，仍然可以分出从Ⅰ至Ⅳ九个小段来。在这一方法的最初时期，它主要是为了划分和安排博物馆里的藏品，到柴尔德时（Childe，1944）这一套术语变成了技术进步的不同阶段。因此，历时性的聚落可以按技术进步的步骤来分类，一般来说，它们应是从简单到复杂，从没有特点到逐渐特化、有所分工，从单一到多样。由于这种表述太概括，现在的考古学家们一般不再使用这样的分类体系，但是作为对宏观类型结构的宏观研究，对技术问题做如是处理仍然是十分有用的。

共时性的社会

如果把聚落理解为某一空间中的社群，它就必须和或远或近的与它有关的其他的社群联系起来看，它应当是一张网上的一个网结。

社群并不是存在于真空之中的，每一个社群都占据着一个特定的空间范围并被与其在组织、文化和功能上关系或远或近的其他的社群所环绕，各种组织结构为不同社群人们的暂时的或永久的行为提供了框架。在每一社群内，我们可以发现经济、政治、宗教、社会和家庭行为等社群内或社群间的成员的协调性。总起来说，就是把社群组织到社会中去的纽带。这实际上也是关于社群和更大的社会的关系的更为科学的说法，因为把每一社群发生的变化归因于来自更大的社会的影响，实在是太笼统了。把社群间的交互关系和行为具体化，应当是社会环境研究的基本任务之一（Arensberg and Kimball，1965：3-4）。

上述的社群间的交互关系在考古学中的研究是不够充分的，因为以器物而非聚落作为首要的概念，考古学家当然更偏重于文化而非社会关系。我曾经提出应以群体（Aggregate）一词作为从社会的角度对聚落间关系进行宏观研究的单位（Chang，1958：307），需要指出的是，从不同社会性的参照点出发，一个聚落可以和许多的空间上的或其他什么范围内的宏观的群体联系在一起，其中国家和部落可能是最常见的政治性的宏观研究单位，但是，从考古学的角度，可能更容易复原出诸如贸易圈、军事联盟、城乡系统、仪式中心及其朝圣者范围、贵族领主的城市及其统领的乡村等这样一些宏观单位来。

历时性的社会

一个聚落同时可以参与多个社会行为圈，从而使开展多方面的宏观研究成为可能，然而不是所有这些行为圈都可以不变地延续下去，成为历时性的宏观研究的对象。但是，有两种历时性的社会性的宏观研究在考古学上是适用的：其一是对社会相互作用模式在时间变化中的认识，比如由一个核心聚落产生的政治权力在政治空间上不断扩张、它最后的衰落及由此而导致的王国或帝国的崩溃；对经济、社会、军事和宗教领域中在长时间中发生的同样的变化的认识等等。其二是由社会组织方面的变化而对微观结构和社群间的相互关系产生的影响。试图以类型学来处理上述的复杂的问题——正如莫多克和斯宾若（Murdock，1959；Spiro，1965）所尝试地提出的那样，或许对将来的考古学家是适用的，但是社会的分层和分化一直是考古学的一个富有成果的研究领域，不断积累的研究结果证明聚落在长时段中的变化可以说明社会组织某些发展趋势，而我本人、迪兹、宾福德、朗艾克等（Chang，1958；Deetz，1965；Binford，1962；Longacre，1964）通过陶器分布的空间模式对社群模式和史前社会亲属关系的变迁的研究，都是很有益的尝试。

同时性和历时性的风格特征

关于同时性和历时性的风格特征在宏观研究中的不断发展，似乎没有必要再多说什么，因为对这一方面的建树及其作用的证明，是考古学研究最重要的贡献之一。在此，我所说的风格特征既包括与整个聚落有关的文化、时期、阶段与传统等概念，也包括由聚落文化的某一部分出发而进行的模式的构筑。

上述八种类型的宏观结构及由此而展开的宏观研究，是可以运用于每一种文化史研究的基本的方法。不同学派的文化史家在处理上述特定的类型时并无本质的不同，他们的不同在于他们在把握文化史的总体规律时存在着下述的差异：（1）在构筑文化关系和文化演变模式时宏观地予以考虑的具体的宏观结构的类型不同；（2）考虑问题的时间范围和空间范围不同；（3）在寻找文化变化的原因时关注的（上述）结构类型不同。

这些概念为评价各种文化史观点及其在时间和空间方面的适用性提供了很有意义的标准。詹姆斯·赫斯特（Hester, 1962）对威利—菲力普斯的文化发展进程分类模式的批评和更正、朱利安·斯图尔德（Steward, 1955）对文化单线进化论的批评，都是类似分析和评价的很好的例子。罗斯（Rouse, 1963）最近对文化进化的分阶段问题用考古学的术语重新进行了划分，其观点到目前为止是最为公允的，如果我们把其中"文化"或"民族单位"置换为"聚落"，把进化"线条"、"阶段"这样一些抽象的模式看做是经验性的实体，它和我在此倡导的文化史的分类体系也是最为接近的。

不过，在考古学发展的目前阶段，我对提出一种能被人们普遍接受的试图包容整个人类史前文化的进化和分类的体系的可能性是持怀疑态度的，在我们目前的知识体系中还存在着太多的缺环。而就世界范围来看，上述八种宏观研究类型的运用还不很充分，文化史的研究还只能说是刚刚开始。我认为在最近的将来，关于不同地区不同时期的许多考古学的假说将如雨后春笋般涌现，因为考古学家不了解的领域太多了，考古学理论上尚有如此多的瑕疵，每一个考古学家都可以用他自己所熟悉的地区或时代为出发点，试图从已知推向未知，用自己的小小体系来填补考古学理论框架上的缺陷。这不是说考古学家不应该从全球范围出发来构筑自己的假说，相反，他们还必须证明此类前导性的模式不仅是考古学家进入新的研究领域的桥梁，而且它们也是对考古学家的认识的有限性的一个有益的补充。

第八章　集大成的考古学

在第二章到第七章中,我们用概念框架的形式讨论了重思考古学所必须涉及的主要问题,在这一章里,我将涉及一些我个人认为是相关的、并非基本但或许是有趣的问题。

理论与田野

一些考古学家认为,考古工作可以被分为两个步骤:复原和解释。前者纯粹是描述性的,因而可能是客观的,后者则依赖于个人的理论观点。另一些考古学家的看法正相反,他们认为:考古学应是问题导向的,调查研究都是为了解决问题,如果离开了人类的文化、历史等问题,考古资料本身就没有任何作用。我不想偏袒于上述两种观点的任何一方,尽管我对它们都充分地同情和理解。对于第二种观点,我想提及一下它的一种看法:一个考古遗址一旦被发掘了,就再也不会恢复到原来的样子,换句话说,遗址一旦被破坏了,就不可能再复原了。考古发现的重要性往往与我们的期盼有关系,如果我们对可能和自己研究的问题无关的发现半心半意,显然我们对自己发掘的遗址是不公平的,因为这些发现对许多更有知识的学者具有其他我们想象不到的价值,不能因为他们没有和我们一起直接面对这些材料就剥夺了他们了解这些材料及其背景的权利。特别是，以问题为导向的发掘，非常容易将对那些与预先设计的问题无关宏旨的资料的破坏推到极致。

这样说来是否田野工作就不需要理论，材料和理论无涉？我不同意这样的看法——不仅仅是因为它错了，而且因为对于什么是理论，每个人可能有不同的理解。"理论指的是一门学科的概念框架"（Kluckhohn，1940：43），考古学理论指的是我们考古学家坚信考古材料——包括其性质、分类、相互关系、稳定或变化的机制可以被处理和解释的这样一个概念体系。我们坚信，考古遗物是人的文化或社会行为的产物，而人的行为既有独特性，也有模式和规律可言。因此，我们的理论就构筑在关于这些模式和规律的已有知识之上，它为我们提供了预言、思考和成功地建立和更新假说的智慧。简单地说，理论赋予我们运作我们的方法论体系，选择我们收集、整理和解释我们所用的资料的具体方法和技术的框架。一个理论如果不能指导实践并被处理实际资料的实践所修正，这个理论是没有多少价值的。

我认为在考古学上，一个优秀的理论家一定是一个优秀的田野工作者，他不会像传统的偏见所认为的那样，进行田野工作仅仅是为了证明自己的一些假说，甚至会让资料屈从于自己的某些先入之见；他不会先设计一套细致的、在理论上无懈可击的模式，固执地将它套用于他所发掘的每一个遗址——如果他的确从事发掘的话（因为在偏见的神话中，考古学的理论家是从来不动手发掘的），然后他会责备遗址不完善或过于特殊，或者以时间、经费和人力的不足来为发掘资料没有符合他的理想的发掘设计进行开脱。

一个优秀的考古学理论家对文化史的基本观点和事实非常明了，因此他更明晰一件遗物或一个遗址可能会和其他的遗存有什么样的关系；他带着一些基本的比如关于"稳定态"的理论和方法来到田野，可以把它们灵活地和富有成果地运用于他所遇到的各种情况；他会由最初的发现洞悉工作的境况，从而恰当地运用手中的资金获取最大的学术回报，会预见以后的各种可能性并制定合适的应对策略。

一言以蔽之，一个理论家能够认识到田野工作的各种可能性，了解资料的性质从而能够选择在当时的条件下最富成果的研究方法和技术。一个理论家总是明白他应该怎样做和为什么这么做，他并不是死守一些书本教条，而是严守一些可以使发掘更精确、更有探索性和更便于复原的程序。我不相信，考古学家在发掘中只能是一个高级的技工，而理论和解释完全是发掘以后的事情。

另外一些疑问会随之而来，如果一考古工作的目的是"为了获取有关人类以往文化的信息"（Ackerman and Carpenter, 1963: 13），其意义就应该放在这样一个整体背景而不是其发掘出土的具体情况下来进行评估。我不同意惠勒先生的意见，"对于考古发掘，一个有经验的发掘者一眼就可以判断出发掘的好坏。不整洁的工地不会有好的发掘"（Wheeler, 1956: 80）。整洁的工地比混乱的好，但是这不应当是一个美学的标准，而是为了使提取信息的过程更有效率，事情都有自己内在的逻辑性，整洁的发掘未必一定是好的发掘。

野外发掘的考古工作自始至终是一种智力的操练，在这个过程中，考古遗存及其出土背景需要被记录下来，记录既要详尽又要相互联系，当然这些联系至多不过是幼稚的或经过严格的判断和取舍的,因此,它必然会受到学者个人因素的很大影响,它们虽然未必带有偏见,但事实本身不会说明什么问题。

同样道理,考古发掘不会是一个自主进行的过程,制订发掘计划的人和编写发掘报告的人,必须也是实施发掘的人。也就是说,只有发掘的人才能编写发掘的报告,被遥控的发掘不会有多少创造性,发掘的新手应该有人予以指导,张三发掘李四写报告,很难道出发掘的魅力和出土物的内在的特性。

因此,不难得出这样的结论,考古学不应是一个生手的事情。我没有忽略过去两百年里许多重要的史前文明是由偶然性的因素发现的这样的事实,也不否认一些很有经验的业余考古学家策划和实施了比许多职业考古学家还要精彩的发掘项目,我很赞成一些业余人士将考古学作为一种智力的追求,我反对的是那些没有受过任何训练或者没有任何提取和解释历史文化信息的经验的人仅仅为了自己对古代文明的兴趣,就可以随便在哪个古代遗址乱挖一气。让这些人到一个无足轻重的遗址上试一试身手,满足一下自己的欲望或许没有多少坏处,但是谁又能够决定哪个遗址无足轻重而哪个遗址更为重要呢?美国也许是实际上惟一的没有法律保护古代文物的大国,这一点简直让人无法忍受。

器物、器物群和聚落

上面我特别强调了野外发掘在考古学当前的概念体系中的重要性——理论上的严格性、操作中的创造性和洞察力。在我看来,别人的考古报告总让人有隔靴搔痒之感,这一点有必要再深入地讲一讲。

考古学家在做发掘记录时有几种不同的风格:一些人是例

行公事式的,他们记录自己的观察和作出决定的原因;还有一些人非常令人钦佩,他们记下几乎所有的信息;更多的人可能介于两者之间。如果发掘的记录很详尽,或者说基本的信息都已被记录下来,而两位考古学家在记录的客观性、习惯、思考问题的方式上又基本一致,那么,一个考古学家接过另一个考古学家的未竟工作——继续考古报告的编写,或许是可能的,但是符合上述条件的情况真是太少了,而中途换马的情况在考古学上不但普遍而且已被视为当然。

还有两个更重要的问题,一个是关于古代遗物的内在特征的——不管这些遗物是否为发掘所得或是否为严格的发掘所得;另一个是博物馆或其他收藏家的藏品的研究是否可以和聚落考古的研究相比较或相匹配。

这些问题异常复杂,我仅从当前的理论观点出发提供一些简单的观察。在前面的第五章里,我已经讨论过"内在特征"的问题,在此我想再次强调一下,强调聚落研究的考古学绝对不应当忽略遗物的内在特征:陶器石器既有文化的特征又有物理的特征,在500℃烧成的陶器与在1500℃烧成的陶器,其区别既是物理的也是文化的。一言以蔽之,特征总是两重性的,而文化的特征又有普遍性的和相对性的。我们所说的内在特征应该指的是其物理特征和具有普遍性的文化特征。这类特征对缺乏聚落背景的遗物是很有意义的,问题在于对于文化模式和文化史研究来说,仅有这些特征是不够的。

然而考古遗物与文化相关的特征自然要形成某些模式或者以某种模式出现,而到底是什么样的模式,这与具体的考古学家的知识背景及其对聚落的研究成果很有关系。如果这个考古学家对某一区域的史前聚落具有相对的研究,他很容易就可以确定博物馆或其他机构藏品的宏观结构位置，这些藏品就可以具有相对的研究价值，不过此类研究不能取代聚落研究而成为考古研究的基础。

考古文献

一部考古报告应当包括什么东西，我想这在考古学家中不应当有什么异议。考古报告应当包括考古学家发现的经验性材料，考古学家进行解释时的经验性证据，和考古学家进行解释时的概念框架。瓦特·泰勒把这一点表述得极为明确：

> 从考古遗址中收集考古资料，……必然会对资料的原始状况造成破坏，……因此，只有一种保证考古发掘的客观性的方法：即尽可能地确保发掘记录的完整性。……换句话说，考古学家有义务保证他的经验性资料和记录的完整性，无论是在考古报告中，还是在实际的工作中。……有一件事情非常明确：考古学家必须发表他所使用的全部得出他的观点的相关材料，以便于其他的读者可以作出是否接受他的观点的判断。（Taylor，1948：154－156）

如果上述是考古学文献所必须遵守的铁律，那么，有多少个考古学家，就可能有多少种所谓的客观的表述方法。惠勒（Wheeler，1956，chapter 16）提出了一套所有考古学家都应当遵循的考古文献的基本要求。但是，随便翻一翻许多考古报告，你会发现总有一些作者没能遵循惠勒的建议。相反，他们的报告不提出任何问题，并充满了烦琐的无关宏旨的细节，简直忘了考古报告是为了让别人阅读的。

假设每一作者都有一些希望读者能够了解的东西,如果他写的东西非常难读,他的这个目的将很易于落空。举一个现成的例子:迪皮索的《桑卡亚塔纳皮马晚期遗存》(Charles C. DiPeso: The Upper Pima of San Cayetano del Tumacacori, 1956)是一个当代考古学家出版的最有想象力的考古报告之一。其许多内容和概念、观点需要许多的读者包括专家教授和一般的学生来了解,但是这本大部头的报告,仅其三卷中关于帕罗帕拉多废墟(Paloparado Ruins)的一卷,就长达 589 页,每一页都以蝇头小字印满了密密麻麻的具体的事实——遗物和遗迹的具体的、重复的不厌其烦的描述。如此的篇幅和具体性,恐怕除了个别的美国西南部的考古专家,很少会有什么人会认真地去读它。我举这个例子不是因为这部报告之长——长的考古报告太多了——而是因为考古报告不应当只给个别的专家去读,它应当对所有的人类学家都有帮助,都是可读的。一部考古报告一旦被写出来,它就不能仅仅是让人随手翻翻而已,这对这部报告是不公平的。因此,有三个问题应予注意:(1)一个考古遗址的报告仅仅是一种记录吗?(2)报告应当定位于什么样的读者群体?(3)考古报告的作者首先希望和读者交流什么?

当然,这三点也会不无争议,或许我们应当先讨论一下在此所用的"报告"的含义,因为这一点往往较少争议。一个考古报告应是关于某一考古发掘的原始而确切的描述或陈述,它具有无上的权威,所有关于这一发掘的观点和课题研究都不得不参照它或从中引申自己的用于比较的信息。

另一个较少争议的观点是,考古学家在写作考古报告时面临着一个特殊的困难,他很难既保证记录的客观性又使报告具有可读性和趣味性。他的专业的同行要求他的经验性的资料尽可能客观，以便于开展比较研究或对他的发掘作出客观的评价。其他领域的史前学家则对他的结论更感兴趣，而把他的技巧和方法方面的熟练视为当然。一般的人类学家不但希望了解他对关于文化和历史的知识贡献了什么新的东西，同时也要看他的结论是否具有逻辑上的说服力。无论考古学家怎样做，总会有一些人有理由抱怨——其中常常可以发现许多是考古学的研究生，他们希望考古报告担负一种理论和方法的职责，他们希望在读完一部考古报告关于考古发现的详尽的描述后，考古报告到底讲了什么——如果他自己足够幸运和足够博学和富有逻辑的话。那么，考古学家到底应当怎样组织他即将出版的考古报告呢？

我并不是在许多凭空想象的问题上纠缠不清，以显示自己的推理能力。编写考古报告的困难确是目前我们面临的主要困难之一，而且有迹象表明情况还会变得更糟。看一看我们必须阅读和分析多少本报告之后才能成为一个有发言权的区域考古学家？不用提我们的老师，单是我们自己又得阅读多少本其他区域的报告，才能使自己跟得上考古学的新技术和新思想？而且我们将来还有多少这样的报告需要继续不断地读？对我们大多数人来说，答案可能是：永远也读不够。如果这一趋势继续下去，下一代的考古学家要么具体的知识太不充分，要么只好越来越专于某一细小的研究领域。这两种情况都不是我们所希望的。

当然，这可能是所有学科的通病，只不过在考古学中它可能表现得更为明显罢了。为了改善这种情况，有许多工作可做，而考古报告的编写正是问题的核心。

对此，考古学家可以选择不同的做法，第一，是什么也不做。他可以继续沉溺在对自己的经验性材料的书卷气的记录和自我表述中,尽一份科学家的职责。他做了这一工作,这便是它的记录,谁觉得它有用,谁就读它,与己无关。如果说其他的考古学家太忙了以至于没有时间读它或不能够通读它,也只是现代生活的一个特点。

我用一句古代中国的谚语来描述这一做法和我对之的看法——"藏之名山,传诸奇人",我想考古学家自己对此也不会满意,但是,如果他选择这一做法,事情必然如此。因此必须想法改变它。一种途径是改变考古报告的用词,尽量简明(不至于让人不忍卒读),并主要描述各类型的特征,应当大量采用图表的形式,从而使文字清晰简洁;具体资料及其变化的描述应当作为附录放到报告的后面,并和正文部分可以互相检索。

另一个办法是编写一系列的报告,其中一些是给专家以外的较广泛的读者看的,另一些则是具体材料的记述。这可能会在技术上更难操作,并会增加报告的成本。

我很欣赏瓦特·泰勒的一个说法"永久的贮备"(permanent repository)。我不知道瓦特·泰勒提出这个词时指的是什么,但是至少有几种可能性。对经验性的资料以例行的、容易使用的形式所做的记录可以被放在某些特定的单位,任何学者都可以方便地使用它。或者它们可以被做成附有文字的小卡片。应当严肃地考虑一下在全世界建立若干"考古信息贮存中心"这个想法,就像法国巴黎的"考古资料分析中心"那样,在那里,考古资料被加工、输入计算机存贮起来,按几个按钮就可以调出来。目前,像《新世界考古文摘》(*New world archaeological abstract*)和《考古调查与文献资料汇编》(*COWA surveys and bibliographies*)之类的文献服务或许已经够用了,但是要不了多久,即便是阅读这些文献,对于考古学家也会变成一项沉重的负担。

也许我是在试图用小小的土堆造就一座大山,也许考古学永远应当是一门人文科学,在这里,大脑胜于机器,经验性的材料脱离其抽象的背景不但会导致严重的理论问题,甚至会造就一批或偏重于理论或偏重于经验的极端主义者。但是无论如何,我希望上面的讨论能够为我的写作考古报告的同行提供一些可供思考的东西。

考古学的对手

研究人类的过去可以用多种不同的形式,其中鲜有称自己为"考古学"的。在美国,严格的科学意义的考古学是指古典时代和古代近东的研究,而我所讨论的考古学指的是和史前学略有区别却更为相像的一门学科。在旧大陆,史前史与考古学是不同的,其原因是对世界不同地区的古代的研究需要和不同的学科密切地结合起来,比如在甲地是古典学和艺术史,在乙地则是民族学和环境科学等。这样一来,在历史学的根深蒂固的分野中,考古学成为其中的一个门类而惯性的力量又是如此之大,希望通过细致的逻辑和宏观的设计把所有这些研究包含于一门学科——考古学中几乎是不可能的。

那么,在不同的考古学的流派中,是否存在共同的方法论基础?或者说,它们的某些概念、方法、词汇结构是否可以在同一的主视角下加以互换?比如说,尽管美国的历史学家和远东的历史学家各有一套自己的传统的史学框架和历史文献体系,但是它们可以很容易地进行研究角色的置换而不必再回到大学里重新接受历史学的逻辑训练。但是对于两个有明显区别的考古学的分支,我不敢肯定同样的置换是否可行。比如说,一个人类学家和一个艺术史家研究同一地区、同一时段的同样一群经验性的材料,他们的着眼点、研究风格以及引用的文献都会截然不同。那么他们的理论是否也同样存在基本的不可协调之处呢?

在著名的艺术史家乔治·库伯勒看来,答案应该是肯定的。在他的一篇短文中(Kubler, 1961),他把艺术和古物对应起来,指出存在着两类人:人类学家和艺术史家。

> 在美国,考古学研究原始人,和民族学(研究活着的人)及语言学结盟,是人类学的一个分支学科。考古学与其说是一个自为的学科,不如说是一种科学的方法。在关于过去的资料十分贫乏时,考古学显得尤为重要,通过人类学家之手,它可被用于获取有关过去的社会结构与经济生活的信息。在这样的背景下,艺术品也只是一种信息而非要表达什么。(64-65页)

> 在艺术史家的眼里,他们一般把考古遗物看做是作为终极价值之象征的美的产品,他们关心的是其内在的特性而非其用途和其他的派生特性。(70页)

> 在库伯勒看来,既然人类学和艺术史的分野是如此两极分明,两者无论在研究的内容上还是性质上当然也就不存在任何的互补性。(74页)

我不怀疑库伯勒对研究艺术品的艺术史的概括的公正性,但是,他对属于人类学的考古学家的概括则难以让人苟同。同样是美国的考古学,被库伯勒批评的做法正是瓦特·泰勒批评考古学应有而缺少的东西——瓦特·泰勒的批评曾经在考古学界引起了轩然大波。当然，库伯勒的文章比瓦特·泰勒晚了13年，这期间无论是好是坏，也不管考古学家意识到没有，美国的考古学已经发生了巨大的变化。

库伯勒把考古学定义为人类学的，而他认为正是人类学中的文化和艺术两个概念是不相容的，对同样的材料，两种研究方法尖锐对立，研究者必须对"唯物主义"还是"唯心主义"作出取舍（Kubler，1961：74）。我要指出的是，库伯勒并没有抓住文化和艺术两个概念在人类学中的实质。如果说"有关一个美国遗址的考古报告是为了获得可以被证明的靠得住的结论的科学的记录、统计和宏观的语言的结果"，还是比较确切的话（同上，64页），那么说"人类学家拒绝行为的多元起源，而把一切相似的文化产品都看做是传播的结果"（同上，63页），说"人类学的美学价值的研究总是从原始的经验性的单位出发，而逐渐抵达我们对今天的艺术的理解"（同上，73页），说"从进化的观点来看，美学价值在原始社会是不存在的"，以及"因为所有的价值都源自生物学的需要，那么原始生活中那些看起来像艺术的东西也是由诸如恐惧、性以及其他的生物驱动力引起的"（同上，73页），是否也是确切的呢？

也许对某些人类学家和某些艺术史家来说，库伯勒的观点是对的，因为在这两个领域中都存在着唯物主义和唯心主义者，不用我说，人类学家都明白"内容"和"性质"（不管这一对概念的真正意思是什么），或者是对艺术作为文化现实的经验性的理解与将其作为文明的一个门类的信念，都是大家司空见惯的。这并不能被作为将人类学和艺术史作为研究人类的古代两种截然相反的理论取向的标准。

为了更好地理解区分两个学科的真正意义，我们不妨看一看旧大陆的情况，那里的历史记录——不管可用与否，都为我们显示了更关键的不同。克里斯托夫·郝克斯（Hawkes，1954）曾对无文献的考古学和有文献的考古学进行了对比。前者就是所谓的史前考古学，研究者必须在特定的时间和空间里通过特定的物质产品，抓住其对象的形式。后者研究的是原始时期或历史时期，对之的解释不能再主要依赖于研究者自己的观点，确定研究的形式时，也必须根据文献的叙述保证这些形式确实存在过，从而使考古学对文化和社会的分类提供历史秩序中的参照点。

我想这种观点已经非常接近于问题的实质了。凡是在有文献可资利用的地方，无论是直接的还是间接的，考古学家都面对着一个历史固有的文化秩序，过去是一个客观的存在，历史学家的观点必须接受它的丈量。举个例子说，如果一个学者从中国北方的仰韶文化和龙山文化转而研究商和周的废墟与墓葬，他一下子就从一个仅仅遵守逻辑和材料的自主发挥任意挥洒的学者的王国跨进了某个人的世界，这个人会告诉你他所生活的世界如何如何并提供一些他的解释，不管多么零碎和不合逻辑，你都不能忽视他的叙述和解释。这为考古学家提供了一种与古人交流的可能性，共同分享古人对其生活、危机、艺术、焦虑、死亡的感觉。正如卡佩特（Ackerman and Carpenter，1963）在讲到古典时代早期的考古学家时所说的：

> 希腊和罗马时代留下的文献，已经对充分地理解古典时代在诗歌、戏剧、历史记载、神话与宗教知识、哲学、数学、机械、医药等方面的成就提供了巨大的帮助。因此，同一时代的其他的物质性遗存如果被恰当地加以发掘、收

集和研究，则可以对艺术等做适当的补充，并增加一些其他领域的知识，比如雕塑、建筑、绘画、钱币制作、图章、人像及冶金等。(5页)

对于研究商周墓葬的考古学家来说，有名有姓的国王会取代"无名的贵族阶层"；青铜器默默地作证着仪式及其过程，无论是严肃的还是欢快的、焦虑的还是放松的，都可以在甲骨文或孔夫子的文献中留下记载；武器上散发着东方反抗者的血腥味道。这种感觉和经验——更不必说对死者个人还是他所在的群体的欣赏和崇敬——使考古学家感觉到在科学之外还能够设身处地地用死者的语言、词汇思考问题并为他们的神话所惊恐（Ackerman and Carpenter, 1963: 115）。因此，他就更会相信人类的感情、动机、美感、能力和分享经验方面的共同性，相信"在我们觉得一种艺术品的形式美时，我们也可以抓住产生了这件艺术品的文化的特征和精神"（Von Simson, 1960: 420）。

另一方面，进入一个有文字记载的历史背景，考古学家会更加清醒地意识到他的专业方法的有限性。古代的记录本身并没有包含太多的意义，通常是似懂非懂，需要花很大的气力去解读它，而且是支离破碎的，它们很难体现一个体系而又往往暗含着一个体系。考古学家无论对文献暗示的那个体系还是他从考古材料中提炼的体系往往都感到难以把握，而他还必须把后者与前者相比较，以图胜任"历史学家从古人自己的文明出发来理解古人"的天职（Frankfort, 1952: 24）。因此，考古学家对诸如社会、经济、法律和宗教等问题将感到无能为力和孤立无助，因为历史文献对这些问题通常涉及很少，对其解释也往往多有争议，考古学家又不得不将这些一鳞半爪的信息和考古结论进行比较。

换句话说,有文献的考古学和无文献的考古学的对比是否如此强烈?我们是否过于相信古代文明中的人对他们自己的认识,以至于我们的思考和行为束手缚脚?我们是否可以从社会人类学家追寻自己的证人的能力中受到一些启发?或者说无论是古代遗物还是文献记载本身都不能被看做是某种东西的表达或文化的信息?用文献来佐证古人的真实判断未必总是站得住的理由,因为话不是被说出来而是被用文字记下来,难免会有一些偏颇,是不全面的。

对考古资料做其他的研究是一种学术的历史传统,它当然会影响考古学家的思考及其背景,但是这不应当影响他思考的逻辑性。从一个宽广的范围来说,对于人类的过去,应当允许存在不同的观点。

第九章　考古学与现实世界

在《总统的产生》(White, 1961: 358) 一书中，托马斯·杰弗逊的一个同代人被用来说明伟大的弗吉尼亚人和美国人的特征："32岁的绅士，可以预测月食，测绘田野，图绘建筑，驯服烈马，拉小提琴，跳米奴埃小步舞曲。"这些并不能说明杰弗逊时代的人怎么样怎么样，奇怪的是讲这话的人会拿这些来要求其他的人。托马斯·杰弗逊（1743—1826）曾是美国历史上"第一个科学的发掘者"，但遗憾的是其发掘不是在32岁而是在41岁（Wheeler, 1956: 58）。我不敢肯定这样的话是否可以被拿来用于总统的竞选演说，但是我对这个插曲所体现的这个国家早期业余考古所具有的知识背景很感兴趣。1784年——杰弗逊首次在弗吉尼亚发掘一个印第安土堆遗址，距今已有两百年了，而今天美国公众对考古学的热情和知识又怎么样呢？

罗伯特·阿斯谢尔（Ascher, 1960）通读1946—1955年十年间《生活》(Life) 杂志的有关考古的所有文章后，发现公众对于考古学的印象主要有四个方面：考古发现的机遇，考古学家作出发现的专家特性，对技术知识和技巧的强调以及神秘性。阿斯谢尔由《生活》杂志概括到，考古学在公众心目中的印象是：

> 考古学的首要目标是发现那些最早的、最大的、最……作为一个考古学家就是要拥有技术知识……作为一个考古学家……就是要作一个有发现的技术专家……任何人都可以做出发现……发现既是考古学的目标也是考古学的魅力所在。(403 页)

考古学家是被这些发现激怒还是对此感到兴奋呢？阿斯谢尔指出，其他的大众传播媒体对考古学的印象也应该予以检视：考古学是什么？它对大众意味着什么？它对大众的重要性程度如何？调查发现考古学对大众的重要性在很大程度上依赖于考古发现的情况。而考古发现一般是由以下四方面的经费资助的：考古学家自己的经费，卡内基或维纳—格雷之类的私立基金会的经费，考古学家工作单位的经费，公共基金。第一类完全是私人性质的，第四类完全是公立的，而二与三则介于两者之间。过去十年中，长期的公立基金的支持变得越来越重要了，特别是由于国家科学基金（NSF）的设立。国家科学基金是 1955 年开始用于资助考古项目的，下面的表 3 是相关的项目及其资助的费额，表 3 是从资助的列表中辑出的，由于只有题目和费额两项，所以有时候很难根据题目断定被资助的工作确是考古学的。无论怎样，表中的情况还是大致接近实际的。那么，这个表说明了什么？

实际上表中的情况很难准确地说明考古学与人类学在公众支持方面的消长情况。因为除了国家科学基金，考古学很少有其他的获取资助的途径，而人类学则可以向诸如国立精神健康研究所（Natioanl Institute of Mental Health）申请资助。另外，这

表3

年份	项目数量	资助金额（美元）	每项平均（美元）	在人类学科中所占比例（%）	在所有基础研究中所占比例（%）
1955	3	30500	10167	59.22	——
1956	5	57800	11560	43.43	——
1957	6	48200	8033	31.40	0.25
1958	8	89600	11200	40.02	0.45
1959	12	219100	18258	54.53	0.45
1960	24	392400	16350	54.66	0.63
1961	52	917300	17640	65.36	1.32
1962	48	958825	19976	43.86	1.00
1963	56	1371150	24485	51.65	1.17
1964	57	1464275	25689	54.24	1.29

〔根据国家科学基金第54届年度报告（关于1955—1964财政年度报告）辑出〕

个表里的材料并不能反映考古学获得公众支持的所有情况，单是斯密森研究院（Smithsonian lnsitution）一个单位就有相当多的考古活动，而且主要用的也是纳税人的钱*。而内政部所属的国家森林公园每年也要花费大量的钱用于考古活动**。然而，由于三个方面的原因，我特别重视国家科学基金对考古学资助的情况：第一，国家科学基金资助的考古项目往往正是本书所讨论的那种考古学；第二，国家科学基金的资助份额要经国会的详细审查，不管国会审查的考古学在所有学科中应占的合理份额是否代表了这一学科的相对重要性，但它无论如何都是一个有趣的指标。表中的内容确切地反映了考古学在基础研究中的经费额度。在国家科学基金所有的基础研究经费中，只有大约1%给了考古学，而且其他的基础研究项目往往都有国家科学基金之外的其他经费来源途径，惟有考古学不得不主要依赖于国家科学基金。一个国家的经费预算应该说主要反映的是一种现实而非合理的计划，让我们假设上表的内容既是现实又是判断的结果，那么它是否可以被用来度量考古学在现实生活和公众心目中的重要性呢？

回答这个问题之前，让我们再来看看其他的现象。仅把考古学作为面向古代的浪漫之旅而实际上并未真正认识到考古知识在当代社会的重要意义的公众，未必会热烈地追求考古知识和慷慨地支持考古工作。考古学家只是为公众服务的专家，公众把孩子送到学校和博物馆里去学习一些关于古代的趣事，并时不时光顾一下考古学家以满足对某些问题的兴趣，但是大街上的人们没有考古学照样可以继续他们的日常生活。

那么职业的考古学家应当因此而责怪大众还是可怜自己在公众意识中这种可怜的地位呢？这一问题涉及有关知识与生活的整个哲学地位，因此，考古学家花费一点精力考虑一下下面的问题也许是值得的：我们曾经为普及考古知识做了什么？什么考古知识是值得普及的？

由于并不打算对考古学与公众的关系问题做一全面的研究，我不想检讨第一个问题的所有方面，比如考古学界撰写的考古普及读物的数量和质量、他们所做的面向公众的学术演讲的情

---

* 感谢斯密森研究院菲力浦·瑞特伯斯（Phlip Ritterbush）和理查德·伍德伯里（Richard Woodbury）提供考古活动的有关信息，下面我还要涉及这个问题。

** 还有国家森林公园 1955—1964 财政年度用于考古工作的钱分别是（单位：美元）1955：95 000 $，1956：170 000 $；1957：279 000 $；1958：528 850 $；1959：549 940 $；1960：581 629 $；1961：661 400 $；1962：888 800 $；1963：1 115 000 $；1964：1 110 400 $。感谢国家森林公园首席考古学家约翰·考伯特博士（John Corbett）提供这些信息。

况、参与小学和中学课程设置的情况等等，有人说一门学科获得的公众支持的情况有赖于这门学科的博士们在从事自己的研究以外，还投入了多少力量给公众。美国人类学会出版了一本名叫《人类学系研究生指南》的书，列举了1954—1963、1963—1964、1964—1965年度的所有博士论文及其作者，我发现其中有114篇显然是有关考古学的论文。根据同一个指南和名录（参见《美国人类学家》1965年1期），我发现这114位考古学博士的从业情况如下：

教学与研究	92		
		研究生教学	63
		本科生教学	15
		博物馆工作	10
		教育和科研机构	4
情况不明的	22		

由表中可以看到，这段时间里，114位博士中至少有92人（占80.7%）仍然留在学术界，最多只有22人（占19.3%）进入了社会，22人中还包括10位女性，也许她们中有些人结婚以后已经以其他的姓名照样留在学术界工作。也就是说，过去十年中只有大约十位考古学的博士毕业生在从事考古以外的或与考古学关系不太密切的工作。

当然其他的90%的博士毕业生也未必是专做自己的专业工作，比如伍德伯里对考古学家对教学工作的态度做了如下的概括：

> 研究工作当然是考古学家们关注的焦点，因为这是他

们地位和职业的基础，而教学工作则往往被看成是浪费时间的、一成不变的，同事和上司对浮皮潦草的教学工作也往往是视而不见。然而，正是通过教学工作，考古学家对下一代专家、管理者、政治家、作家及公民的教育和成长作出了贡献，如果考古学家不通过这样的途径表达自己，考古学的形象就只能让诸如《生活》杂志那样的具有大众影响的媒体作家和编辑们去随意渲染。（Woodbury，1963：223）

在科学院的院士们看来，考古学家整日忙来忙去，一年一度向他们申请项目，强调其研究生死攸关、至关重要，一俟批准，即风驰电掣般奔赴野外，直到申请下一个项目时才疲惫不堪地赶回来。所有这一切都被告之曰是为了"研究"，研究什么？可能是能够对人类知识作出贡献的有用的信息。然而，这些信息实际上只能为考古学家自己及他们的同事和学生所用，惠勒就提到过一个"宣称自己的作品就是写给五个人看的特殊的考古学家"（Wheeler，1956：221），我不知道这是否是在开玩笑，如果是，也只能是在拿我们自己开玩笑。如果抱怨缺乏热情的公众对考古学的漠不关心，不如去责怪那些所谓的专家自己。

事情真是可悲，因为考古学家确有一些对同行、学生和大众有用的东西可供交流，而这些学生中将会产生明天社会的领导者，大众——无论是民主社会还是专制社会中的大众，则是人的主体。学者的天职就是积累知识，而知识如果没有被人所利用，则是一种浪费。

对于当代世界来说，考古学的知识也是一种历史的知识，它描述曾经发生了什么,传递古代的价值,并迫使人类思考未来的问题。如果把人类的进步比作为一支飞行的箭,那么,我们可以看到这支箭大多数时间都是贴着地面飞行的,然后渐渐抬升,在其最后一刻——即现在它才猛然向上几乎是垂直地起飞。我们不仅会想,这支箭不知会否调头向下。这样的话,人类的进步就需要用另一个维度来观察了,这个维度是什么呢?

如果历史能够给予人一种昨天和明天的动感,一种变化的感觉,那么考古学则非常深刻地描述了人的世界的诞生过程。以下几点可以说明为什么考古学具有历史的教益:其一,是考古学的广阔的范围。丹尼尔说:"史前史的时间比任何的历史阶段都长……而这正是史前史对人类思想的贡献。"(Daniel,1964:166-167)而除了时间的深度外,我们还要补充的是其广度。历史常常讲述的是几个世纪或千年的事情,而考古学的时间和空间几乎是无所不包。如果说提起马丁·路德或拿破仑这样的前辈,我们还会感觉到他们是我们的同类,那么像数十万年前的爪哇人或非洲的早期灵长类人类祖先,则几乎超过了人类的想象的界限。然而毫无疑问,他们正是人类的渊源,因为无论是头骨和肢骨化石,还是粗糙的打制石斧、石刀等文化遗存,都清楚无误地表明了这个现实。这些远古人类的血脉演变为人类的今天,而且加上你我这些在广大的时空范围内微不足道的个人,还要继续从今天走向明天。

其二,是时间孕育了多样性。考古学显示,我们——人是在不断变化的,考古学提供的知识的总体图景是变动不息的,虽然历史具有重复性,但是,考古学的引人之处就在于它所发现的任何事情都是惟一的、独特的。在考古学中,有关过去的奇异的、原始的抽象概念不再是花言巧语的思辨,而是通过考古遗物成为可视的甚至可以触摸的形状、颜色和设计,时间具有了形状。正如格林厄姆·克拉克所说,考古学是在不知不觉中愉悦观众、传达观点的,它像一幕舞台剧而非讲坛上的讲演。

最后也是不无相关的是,考古学广阔的时间和事件尺度强化了大众对变化的感觉:芸芸众生时时在与自然的灾害奋战着,文明兴起又绝灭了,无关宏旨的细节早已沉没在历史的长河中了,但是那确实重要的越是以长远的眼光来看就显得越是重要,由于考古学对人和历史的简练升华,公众反而容易发现考古学的浪漫,重温古代的悠远、荣光及沧海桑田的变化。公众们不知道这部崎岖的历史剧乃是考古学家们从无数的碎片中拼凑出来的,而且他们也不必知道这些。

历史的细节早已模糊不清,而历史的信息却异常分明。面对考古学的历史剧,个人是无足轻重的,你是谁?我是谁?但是那盛放在石棺里的死尸却是确实的,是巨石墓地 A 的 543 具人骨之一,而盛放他的骨灰的陶罐现在正被我用作手中的烟灰缸。摆放在实验室里的那一排排骸髅,都曾经是活生生的人,热情或者冷淡,聪明或者愚笨,但是他们都曾经忙碌着,为了养活他们自己和自己的孩子,而现在,我们却把这骸髅捧在手中,用它来讲述一个文明的命运。也许他曾是他那个时代的一个大发明家,是他的脑子首先想到了箭头、犁或者车轮,成千上万个像他那样的人创造了历史,他到底是谁呢?这又有什么紧要?那时候没有专利法来保护他,他的发明应当归于他的民族、他的文明和他的时代。在考古学的时间范畴中,信息是再分明不过了:一种观点只有在时势适宜时才会变得有力;在一个一个聚落中,发明和变化是清晰可寻的,只不过它是被埋葬在这些普普通通的、互不连续的聚落里,考古学家无法将历史的荣光落实到某一具体的人身上。

更糟的是,考古学中不但没有任何个人的存身之地,而且像人类的始祖、救世主之类的人在考古学中也难以立足,无数的废墟、灾祸及文化上的断层正应了一句古老的谚语:人最大的敌人就是自己。我们的化石祖先曾经是食肉者;一群人的崛起导致另一群人的绝灭;当人类开辟一片新的可耕之地时,这块土地同时也就变成了相互冲突与残杀的屠场,在考古遗存中,武器至少占有与锄头、斧头同样重要的地位。文明兴起来了,文明空前地繁荣;文明绝灭了,而绝灭的原因往往正是暴君暴政而非疾病、洪水或干旱之类的灾害。看看在文明鼎盛时期比农舍费工百倍的要塞和城堡,那些取代千百万的平民墓葬位于舞台前列的随葬大量财富甚至仆从的王陵大墓吧。由于考古资料的这种戏剧性特征,考古学家更容易认识到人类历史的愚蠢之处,从更长远的角度理解了人类的优良传统。

尽管任何地区的文明史都充满着粗暴和灾难,整个的人类不但延续下来,而且日益繁荣。考古学就是要为这一文化的过程提供必要的证据,无论学者们关于进化与进步有多少不同的争论,考古学却一直在坚定不移地从简单到复杂、从不确定到确定、从短暂到久远、从缓慢到跳跃不断追寻人类生活与取得各种成就的过程。虽然向往神话传说中的原始天国,用原始社会的包容、简洁和欢乐诅咒文明社会的罪恶一直是人类永恒的梦想,但是这只是某一时期某一部分人的判断和声音,无数的文明兴兴衰衰,而人类的文明一直在继续不断地完善着。人类文明的总体成就和自信,"帮助人们超越自己所处时空的局限性,分享整个人类的经验,帮助人们培养一种超越个体的历史感,继续历史的生活,考古学为人类提供了这么一种特殊的营养,从这个角度来说,考古学是值得予以特别的关注的"(Clark,1957:253)。

虽然考古学坚信在历史的长河中个人的作用只能通过集体的成就加以体现,但是考古学并不能单独确定这个集体到底是什么,考古知识的魅力就在于它和大众之间的这种灵通,而考古学家必须确保对这些知识的利用合乎于社会道德和自我意识。正如克拉克(Clark,1957:255)所指出的,考古学对社会的最重要的贡献在于为社会的团结和稳定提供了空前深远的背景,但是如果这种统一与稳定是建立在恃强凌弱的基础上,考古学则会坚决反对。古特姆·吉生(Gutorm Gjessing,1963:263 – 264)对这一问题的观察或许应当引起我们深深的思考:

> 如果没有理性的控制,当传统被意识形态化,它就会变成保守主义,民族的认同就会被变成民族主义甚至沙文主义……

这种危险在今天并不比第二次世界大战以前有所减少。由于科学被普遍地用于军事化,政府可能会毫不犹豫地将我们的学科当作政治的工具。同时由于意识形态政治化已成为一股强大的力量,即使是对于具体的学者,科学、意识形态和政治的界限也变得越来越模糊不清。……对考古发掘与研究经费的增加可能会附加条件,从而成为一种诱饵,如果不加注意,考古学将不可避免地与意识形态沆瀣一气。

在专制国家中,这一点表现得尤为明显,那些通过革命获取了政权的执政者利用一切可以利用的手段来达到巩固其统治的目的。由于考古学对培养民族自信心的特殊作用，它在专制国家和在新兴国家中一样，会被更加有意地和政治结合起来。在有些国家中，考古学经历了空前的复兴，取得了巨大的成果。……由于在这些国家中，考古学的主要目的是为了培养爱国主义和对执政党的忠诚，所以它们与霸权主义的意识形态并没有必然的联系，而在希特勒的德国和墨索里尼的意大利，考古学与霸权主义和对外扩张的关系则显而易见。考古学被用作为实现大流士二世的光复罗马帝国和德弗利尔的在尼采的领导下建立欧洲新秩序的梦想的工具。（Gjessing，1963：263－264）

也许上述的讨论并不合于作为学者的考古学家的口味，因为他们认为自己不过是在追求知识而已，但是考古学家不可能不受政治与社会的影响，而仅用一种纯学术的语言来表达自己的观点。最近美国公众非常热衷于恢复殖民时代的纪念物，美国的人类学界中文化的普世主义大行其道，这与美国在"二战"之后世界舞台上所扮演的角色是不无关系的。考古学的意义是多方面的，然而在选择这些意义时侧重于某些方面，不管是有意无意，理智的或非理智的，都是不无原因的。

在对人类文明的总体认识上，考古学的观点是再分明不过了。许多曾经存在的文明都不过是一些篇章，但是一个大的传统却一直在世界文化的总体结构中延续着。考古学的核心内容就是人类一直在证明和实践着这些普遍的价值：人的生物特性；仇恨、恐惧、爱以及人类的兄弟情义；追求美好的愿望；美感；欢乐等等。砍砸器作为谋杀的武器和厨房里的工具，现在和一百万年以前同样有效；莫钦卡的陶器和商代的青铜器被作为装饰品摆在现代城郊的住宅里。人性不是抽象的，不同地区不同内容的文明仍然在人类的大传统中延续着，人性也在其中延续着，考古学家甚至古代文明为什么会有这样或那样的命运，各种社会力量可以因为自己的利益而强调考古发现的不同方面，而考古学家的任务则是尽可能客观地告诉人们，古人曾做了什么样的选择以及这些选择的命运，以便今人为未来作出决定时可以汲取古代的教训。

参考书目

ACKERKNECHT, ERWIN H.

　　1954 "On the comparative method in anthropology," in *Method and Perspective in Anthropology*, Robert F. Spencer, ed., pp. 117 – 25. Minneapolis: University of Minnesota Press.

ACKERMAN, JAMES S., and RHYS CARPENTER

　　1963 *Art and Archaeology*. Englewood Cliffs, N. J. : Prentice-Hall.

ARENSBERG, CONRAD A., and SOLON T. KIMBALL

　　1965 *Culture and Community*. New York: Harcourt, Brace & World.

ASCHER, ROBERT

　　1960 "Archaeology and the public image," *American Antiquity*, 25: 402 – 3.

　　1961 "Analogy in archaeological interpretation," *Southwestern Journal of Anthropology*, 17: 317 – 25.

BENNETT, JOHN W.

　　1943 "Recent developments in the functional interpretation of archaeological data," *American Antiquity*, 9: 208 – 19.

BENNETT, WENDALL C.

　　1948 "The Peruvian co-tradition," in "A reappraisal of Peruvian archaeology," W. C. Bennett, ed., *Memoir* 4, pp. 1 – 7. Society for American Archaeology.

BINFORD, LEWIS R.

　　1962 "Archaeology as anthropology," *American Antiquity*, 28: 217 – 25.

　　1965 "Archaeological systematics and the study of cultural process," *American*

Antiquity, 31: 203 – 10.

BORDES, FRANÇOIS

1961 "Typologie du Paléolithique Ancien et Moyen," *Mémoire*, No. 1., L'Institut de Préhistoire de l'Université de Bordeaux.

BRAIDWOOD, ROBERT J.

1946 "Terminology in prehistory," *Human Origins*, II, No. 6.

1960 "Levels in prehistory: a model for the consideration of the evidence," in *The Evolution of Man*, Sol Tax, ed., pp. 143 – 52. Chicago: University of Chicago Press.

BREW, JOHN O.

1946 "Archaeology of Alkali Ridge. Southeastern Utah," *Papers of the Peabody Museum*, 21, Cambridge: Harvard University Press.

BROTHWELL, DON, and ERIC HIGGS, eds.

1963 *Science in Archaeology*, New York: Basic Books.

BUTZER, KARL W.

1964 *Environment and Archaeology: An Introduction to Pleistocene Geography*. Chicago: Aldine Publishing Company.

CALDWELL, JOSEPH

1958 "Trend and tradition in the prehistory of the eastern United States," *Memoir* 88, American Anthropological Association.

CHANG, K. G.

1958 "Study of the Neolithic social grouping: examples from the New World," *American Anthropologist*, 60: 298 – 334.

1960 *Prehistoric Settlements in China: A Study in Method and Theory*, Unpublished Ph. D. thesis. Cambridge: Harvard University Press.

1962 "A typology of settlement and community patterns in some circumpolar societies," *Arcic Anthropology*, 1: 28 – 41.

1963 *The Archaeology of Ancient China*. New Haven and London: Yale University Press.

1964 "Some dualistic phenomena in Shang society," *The Journal of Asian Studies*,

24: 45 – 61.

CHILDE, V. GORDON

1936 "Changing methods and aims in prehistory," *Proceedings of the Prehistoric Society for* 1936, pp. 1 – 15.

1944 "Archaeological ages as technological stages," Huxley Lecture. London: Royal Anthropological Institute of Great Britain and Ireland.

CLARK, CRAHAME

1952 *Prehistoric Europe: The Economic Basis*. London: Methuen.

1953 "The economic approach to prehistory," *Proceedings of the British Academy*, 39: 215 – 38.

1954 *Starr Carr*. London: Cambridge University Press.

1957 *Archaeology and Society*. London: Methuen.

COE, MICHAEL D.

1961 "Social typology and tropical forest civilizations," *Comparative Studies in Society and History*, 4: 65 – 85.

—— and KENT V. FLANNERY

1964 "Microenvironments and Mesoamerican prehistory," *Science*, 143: 650 – 54.

COLES, J. M.

1963 "Environmental studies and archaeology," in *Science and Archaeology*, D. Brothwell and E. Higgs, eds., pp. 93 – 98. New York: Basic Books.

CONKLIN, HAROLD C.

1955 "Hanunóo color categories," *Southwestern Journal of Anthropology*, 11: 339 – 44.

1962 "Comment," in *Anthropology and Human Behavior*, Thomas Gladwin and W. C. Sturtevant, eds., pp. 86 – 91. The Anthropological Society of Washington.

DANIEL, GLYN

1950 *A Hundred Years of Archaeology*. London: Gerald Duckworth.

1964 *The Idea of Prehistory*. Baltimore: Penguin Books.

DEETZ, JAMES

1965 "The dynamics of stylistic change in Arikava ceramics," *Illinois Studies in An-*

thropology, No. 4. Urbana: University of Illinois.

DI PESO, CHARLES C.

1956 *The Upper Pima of San Cayetano del Tumacacori*. Dragoon, Ariz: The Amerind Foundation.

EHRICH, ROBERT

1950 "Some reflections on archeological interpretation," *American Anthropologist*, 52: 468 – 82.

FIRTH, RAYMOND

1964 "Essays on social organization and values," *Monographs on Social Anthropology*, No. 28. London: London School of Economics, University of London, The Athlone Press.

FORD, JAMES A.

1948 "A chronological method applicable to the Southeast," *American Antiquity*, 3: 260 – 64.

1954 "Comment on A. C. Spaulding, 'Statistical techniques for the discovery of artifact types'," *American Antiquity*, 19: 390 – 91.

FORTES, MEYER

1949 "Time and social structure," in *Social Structure*, M. Fortes, ed. Oxford: Clarendon Press.

FRAKE, CHARLES

1961 "The diagnosis of disease among the Subanun of Mindanao," *American Anthropologist*, 63: 113 – 32.

FRANKFORT, HENRI

1952 *The Birth of Civilization in the Near East*. Bloomington: Indiana University Press.

FRIED, MORTON H.

1952 "Land tenure, geography and ecology in contact of cultures," *The American Journal of Economics and Sociology*, 11: 391 – 412.

GARDIN, JEAN-CLAUDE

1965 "On a possible interpretation of componential analysis in archaeology," in

"Formal semantic analysis," E. A. Hammel, ed., *American Anthropologist* (*Special Publication*), 67, No. 5, Part 2, pp. 9 – 22.

GJESSING, GUTORM

1963 "Archaeology, nationalism, and society," in "The teaching of anthropology," D. G. Mandelbaum, G. W. Lasker, and E. M. Albert, eds., *Memoir* 94, pp. 261 – 67. American Anthropological Association.

GLADWIN, WINIFRED, and HAROLD S.

1934 "A method for the designation of cultures and their variations," *Medallion Papers*, No. 15. Globe, Ariz.

GORODZOV, V. A.

1933 "The typological method in archaeology," *American Anthropologist*, 35: 95 – 102.

HARRIS, MARVIN

1964 *The Nature of Cultural Things*. New York: Random House.

HAWKES, CHRISTOPHER

1954 "Archaeological theory and method: some suggestions from the Old World," *American Anthropologist*, 56: 155 – 68.

HEIZER, ROBERT F.

1958 *A Guide to Archaeological Field Methods*. Palo Alto, Calif: The National Press.
——and S. F. Cook, eds.

1960 "The application of quantitative methods in archaeology," *Viking Fund Publications in Anthropology*, 28.

HESTER, JAMES J.

1962 "A comparative typology of New World cultures," *American Anthropologist*, 64: 1001 – 15.

KARLGREN, BERNHARD

1937 "New studies of Chinese bronzes," *Bulletin of the Museum of Far Eastern Antiquities*, 9: 1 – 112.

KLUCKHOHN, CLYDE

1939 "The place of theory in anthropological studies," *Philosophy of Science*, 6:

328 – 44.

1940 "Conceptual structure in Middle American studies," in *The Maya and Their Neighbors*, C. L. Hay et al., eds. pp. 41 – 51. New York and London: D. Appleton Century. (Reprinted by The University of Utah Press.)

1949 *Mirror for Man*. New York: McGraw-Hill Book Company.

1960 "The use of typology in anthropological theory," in *Selected Papers of the Fifth International Congress of Anthropological and Ethnological Sciences*, Philadelphia, September 1 – 9, 1956, A. F. C. Wallace, ed., pp. 134 – 40. Philadelphia: University of Pennsylvania Press.

KRIEGER, ALEX

1944 "The typological concept," *American Antiquity*, 9: 271 – 88.

1960 "Archaeological typology in theory and practice," in *Selected Papers of the Fifth Inernational Congress of Anthropological and Ethnological Sciences*, Philadelphia, September 1 – 9, 1956, A. F. C. Wallace, ed., pp, 141 – 51, Philadelphia: University of Pennsylvania Press.

KROEBER, ALFRED E.

1948 *Anthrpology*. New York: Harcourt, Brace & World.

KUBLER, GEORGE

1961 "Rival approaches to American antiquity," in *Three Regions of Primitive Art*, pp. 62 – 75. New York: The Museum of Primitive Art.

1962 *The Shape of Time*. New Haven and London: Yale University Press.

LEACH, E. R.

1954a "Primitive time-reckoning," in *A History of Technology*, Vol. 1, C. Singer, E. J. Holmyard, and A. R. Hall, eds. Oxford: Clarendon Press.

1954b *Political systems of Highland Burma*. Cambridge: Harvard University Press.

1961 "Rethinking anthropology," *Monographs on Social Anthropology*, No. 22. London: London School of Economics, University of London, The Athlone Press.

LÉVI-STRAUSS, CLAUDE

1953 "Panorama of ethnology 1950 – 1952," *Diogenes*, 2: 69 – 92.

1963 *Structural Anthropology*, translated by C. Jacobson and B. G. Schoepf. New

York and London: Basic Books.

LONGACRE, WILLIAM A.

1964 "Archaeology as anthropology: a case study," *Science*, 144: 1454 – 55.

LOTHROP, SAMUEL K.

1942 "Coclé: An archaeological study of central Panama," *Memoir of the Peabody Museum*, 8, Part 2. Cambridge: Harvard University Press.

MCGREGOR, JOHN C.

1965 *Southwestern Archaeology*. Urbana: University of Illinois Press.

MCKERN, WILLIAM C.

1939 "The Midwestern taxonomic method as an aid to archaeological study," *American Antiquity*, 4: 310 – 13.

MACWHITE, EOIN

1956 "On the interpretation of archaeological evidence in historical and sociological terms," *American Anthropologist*, 58: 26 – 39.

MEIGHAN, C. W., D. M. PENDERGAST, B. K. SWARTZ, JR., and M. D. WISSLER

1958 "Ecological interpretation in archaeology," *American Antiquity*, 24: 1 – 23, 131 – 50.

MOVIUS, HALLAM L., JR.

1965 "Aurignacian hearths at the Abri Pataud, Les Eyzies (Dordogne)," in *Symposium in Honor of Dr. Li Chi on His Seventieth Birthday*, pp. 303 – 16. Taipei: Ch'inghua Journal.

MURDOCK, GEORGE P.

1959 "Evolution in social organization," in *Evolution and Anthropology: A Centennial Appraisal*, pp. 126 – 43. The Anthropological Society of Washington.

—— et al., eds.

1961 *Outline of Cultural Materials*. New Haven, Conn.: Human Relations Area Files, Inc.

NADEL, S. F.

1957 *The Theory of Social Structure*. New York: The Free Press of Glencoe.

OAKLEY, KENNETH P.

1964 *Frameworks for Dating Fossil Man.* London: Weidenfeld and Nicolson.

OLIVER, DOUGLAS

1958 "An ethnographer's method for formulating descriptions of 'social struc-ture'," *American Anthropologist*, 60: 801 – 26.

OSGOOD, CORNELIUS

1951 "Culture: its empirical and nonempirical character," *Southwestern Journal of Anthropology*, 7: 202 – 14.

RADCLIFFE-BROWN, A. R.

1952 *Structure and Function in Primitive Society.* New York: The Free Press of Glencoe.

ROUSE, IRVING

1939 "Prehistory in Haiti: a study in method," *Yale University Publications in Anthropology*, 21.

1953 "The strategy of culture history," in *Anthropology Today*, A. L. Kroeber, ed. Chicago: University of Chicago Press.

1954 "On the use of the concept of area co-tradition," *American Antiquity*, 19: 221 – 25.

1963 "Archaeological approach to cultural evolution," in *Explorations in Cultural Anthropology*, W. Goodenough, ed., pp. 455 – 67. New York: McGraw-Hill Book Company.

1965 "The place of 'peoples' in prehistoric research," *Journal of the Royal Anthropological Institute*, 95: 1 – 15.

ROYAL ANTHROPOLOGICAL INSTTTUTE OF GREAT BRITAIN AND IRELAND

1956 *Notes and Queries in Anthropology*, 6th ed.

SCHNEIDER, DAVID M.

1965 "American kin terms for kinsmen: a critique of Goodenough's componential analysis of Yankee kinship terminology," in "Formal semantic analysis," E. A. Hammel, ed., *American Anthropologist* (*Special Publication*), 67, No. 5, Part 2.

SERVICE, ELMAN R.

1964 "Archaeological theory and ethnological fact," in *Process and Pattern in Culture*, R. A. Manners, ed., pp. 364 – 75. Chicago: Aldine Publishing Company.

SPAULDING, ALBERT C.

1953a "Statistical techniques for the discovery of artifact types," *American Antiquity*, 18: 305 – 13.

1953b "Review of *Measurements of Some Prehistoric Design Developments in the Southeastern States*, by James A. Ford," *American Anthropologist*, 55: 588 – 91.

1954a "Reply to Ford," *American Anthropologist*, 56: 112 – 14.

1954b "Reply to Ford," *American Antiquity*, 19: 391 – 93.

1960a "The dimensions of archaeology," in *Essays in the Science of Culture*, G. E. Dole and R. L. Carneiro, eds., pp. 437 – 56. New York: Thomas Y. Crowell Company.

1960b "Statistical description and comparison of artifact assemblages," *Viking Fund Publications in Anthropology*, 28: 60 – 83.

SPIRO, M. E.

1965 "A typology of social structure and the patterning of social institutions: a cross-cultural study," *American Anthropologist*, 67: 1097 – 119.

STEWARD, JULIAN H.

1949 "South American culture: an interpretative summary," in *Handbook of South America Indians*, J. H. Steward, ed., 5: 669 – 772. *Bulletin* 143. Washington, D. C.: Bureau of American Ethnology, Smithsonian Institution.

1955 *Theory of Culture Change*. Urbana: University of Illinois Press.

—— and FRANK M. SETZLER

1938 "Function and configuration in archaeology," *American Antiquity*, 4: 4 – 10.

TALLGREN, A. M.

1937 "The method of prehistoric archaeology," *Antiquity*, 11: 152 – 61.

TAYLOR, WALTER

1948 "A Study of Archaeology," *Memoir* 69. American Anthropological Association.

THOMPSON, RAYMOND

1958 "Modern Yucatecan Maya pottery: a study of the nature of the archaeological inference," *Memoir* 15. Society for American Archaeology.

TRIGGER, BRUCE

1965 "History and settlement in lower Nubia," *Yale University Publications in Anthropology*, 69.

VON SIMSON, OTTO G.

1960 "Culture and art," in *City Invincible*, C. H. Kraeling and R. M. Adams, eds., pp. 419 – 36. Chicago: University of Chicago Press.

WAUCHOPE, ROBERT, ed.

1956 "Seminars in archaeology: 1955," *Memoir* 11. Society for American Archaeology.

WHEELER, MORTIMER

1956 *Archaeology from the Earth*. Baltimore: Penguin Books.

WHITE, T. H.

1961 *The Making of the President*, 1960. New York: Atheneum Publishers.

WILLEY, GORDON R.

1953 "Prehistoric settlement patterns in the Viru Valley, Peru," *Bulletin* 155. Washington, D. C.: Bureau of American Ethnology, Smithsonian Institution.

——— ed.

1956 "Prehistoric settlement patterns in the New World," *Viking Fund Publications in Anthropology*, 23.

——— and PHILIP PHILLIPS

1958 *Method and Theory in American Archaeology*. Chicago: University of Chicago Press.

WOLF, ERIC

1964 *Anthropology*, Englewood Cliffs, N. J.: Prentice Hall.

WOODBURY, RICHARD B.

1963 "Purposes and concepts [in] the teaching of archaeological anthropology," in "The teaching of anthropology," D. G. Mandelbaum, G. W. Lasker, and E. M. Albert, eds., *Memoir* 94. American Anthropological Association.

译后记:考古学的灵魂

曹兵武

20世纪60年代新考古学在美英等国的产生,表面上看来仅仅是对传统考古学理论和方法论的全面反叛,实质上则是通过考古学研究兴趣与目标的转移,对考古材料提出了更高更精确的要求,其结果是考古学在提取资料的技术手段和分析资料的方法方面获得了空前的进步,考古学的内在结构与空间得到了极大的拓展,通过引进其他学科的理论方法和技术手段,产生了一系列考古学的边缘性的分支学科,如科技考古学、实验考古学、地质考古学、环境考古学、考古统计学、计算机考古学、聚落考古学、社会考古学、妇女考古学等等。可以说,考古学是从事交叉学科和跨学科研究的先驱之一。

美国新考古学家帕蒂·沃森(P. J. Watson)在1985年总结新考古学产生之后考古学的理论趋向时,引用德里克·罗(Derek Roe)的话,为典型的当代考古学家提供了一幅令人印象深刻的素描画:

> 我是一个十分典型的现代考古学家:一个地学、民族学、考古学、生态学、生物学家。我从15所不同的大学里获得了17个学位,这些大学在美国拥有这些学科中最领先

的水平,我可以用最新的术语表达用氧同位素、铀系、钾—氩法沉淀测定的任何遗物的年代;我可以……我可以……我是一个十分典型的现代考古学家。

是的,考古学面对的是整个人类的古代,是位于人类全部历史的时空框架中全部的物质遗存。时移世易,通过考古技术的更新和考古学家欲望的膨胀,考古遗存的内涵本身也在不断地扩大,考古学越来越变得无所不包,考古学家会不会有些手足无措,考古学是否会因此而消失在学科融合之后的大河中?

不,考古学就是考古学,考古学还应当有一点自己的东西。

考古学的两点最重要的本质,其一在于其研究对象的特性,其二在于其研究方法的特性。考古对象的特性是它的原初性,考古学研究的器物、遗迹、遗址等都是毫无欺骗意图的文化元质;考古学方法的特性在于对研究对象进行辨识的至关重要——必须首先确证它们是原初的、可信的、物性的,然后才能触及解释和历史的抽象方面。

1973年,新考古学的巨擘戴维·克拉克(D. L. Clarke)发表了一篇名文《考古学纯洁性的丧失》,对上述趋势表示了高度的警觉。他提出,考古学必须建立一套"统一理论",来改变这一趋势。他的考古学"统一理论"是一整套关于考古学如何提取资料和使用资料的基本原则,包括考古遗存沉积前、沉积后、发掘出土、分析和解释等基本的模型和理论。

标志近代科学意义之考古学的成熟的地层学与类型学作为所有考古学方法论的基础,是为了为考古遗存建立时间的逻辑框架,而新考古学的代表人物路易斯·宾福德(L. R. Bingford)提出的"中程理论"(Middle-range Theory)概念,则道尽了自地层学、类型学以来考古理论与方法的全部奥义。

在本书中，张光直先生指出，所谓的考古学理论，"指的是我们考古学家坚信考古材料——包括其性质、分类、相互关系、稳定或变化的机制可以被处理和解释的这样一个概念体系。一个理论家能够认识到田野工作的各种可能性，了解资料的性质从而能够选择在当时的条件下最富成果的研究方法和技术"。

由此看来，考古学的灵魂就是考古学的理论。这些关于理论的经验不是简单地从书本上就可以得到的，也不是闭门造车可以造出来的——它是在实践与思考的反复较量中提炼与提高的，其中包括借鉴别人的、别的学科的成果而把它内在化。

美国传统考古学的挑战者瓦特·泰勒（W. W. Taylor）首先提出了考古学中"缀合研究法"（conjunction），意图将破碎的、不完全的考古遗存拼合成一种整体性的人类生活图景和文化景观。可以说本书作者张光直先生毕生都在从事着这样的一种学术性工作。先生1931年生于北京，在北京念中小学，在台湾接受大学教育，在美国念研究生，拿了哈佛大学的博士学位，然后以华裔美国人的身份在美国从事研究与教书。以中国考古和中国文化为其终生志业，却以英文从事著述和发表，文化的边缘性，研究对象与学术背景的背离性等等等等，使得这种"缀合"工作极其艰难并富有成果。在为庆祝香港中文大学郑德坤教授从事学术活动六十周年而出版的论文集所作的序言中，张光直先生引用了郑先生1969年写给他的一封信中的一段话，来言明他的这种心得：

> 我们研究人类学，对于文化与人的关系应该有点认识，各民族各有他们的文化。文化就像空气一样是生活生存的

要素。不幸我们处于动荡的时代,流落海外,年暮思乡,每感到他国的文化与我们的不一般……因此把一些思想系统化,一方面讲给学生听,一方面拿来和海外"难民"互相讨论。

张光直先生本人也正是这种"文化难民"中的一位。因此,先生的一生是一个从边缘求中心的一生——从边缘和文化的乡土草根出发,从一个古老的文明传统出发,寻求关于文化的普遍性的真理。正如弗雷德(M. H. Fried)在本书的序中所说:

> 作为一个终生都在文化的冲突中生存的学者,他比其大多数的美国同行对重新检讨考古学基本的思想、观点、方法和程式的意义更为敏感,因此,他一直在试图证明这些东西,这也正是他的特色。

在新考古学发生之初,张光直先生即深深地卷入了当时的理论论辩之中,他对族群、聚落和文化等概念的颇富常识又充满逻辑的阐释,极大地拓宽了同代和后学的思路。本书即是当时论辩的产物之一,主要涉及的是考古学的学科性质、基本概念和理论框架,即使偶尔使用一些考古学史和中外考古的具体例子,也纯是为了使理论概念更为突出和清晰。可以说,考古理论乃是本书的灵魂,而越是往深处咀嚼,我越是觉得,本书或许就是奠定先生一生辉煌的学术成就的基石和灵魂。

考古学是一门经验性的学科,人类以往经历的一切既是考古学试图理解的对象,也是考古学得以理解往古的基础。中国的考古学是五四之后的舶来品,具有上千年悠久传统的金石学并没有自然地演进为考古学。地层学与类型学的中国化，花费了几代学人半个多世纪的历程，奠定了20世纪中国考古辉煌的理论与方法论基础。值此世纪之交，中国文化面临着千年的转机，中国考古也逐步走出故步自封的阴影并呈现多元化的趋势，对几十年来西方考古学理论方法的了解、吸收消化和中国化仍然是一个无法回避的艰巨任务。此时，重温张光直先生当年的思辨，对我们无疑是一次考古学的补课和必须的操练。

需要补充的是，译文是在我从中国历史博物馆考古部调入国家文物局以后于行政工作之余的零碎时间见缝插针地进行的，不多的篇幅竟然断断续续地译了一年多，经常是一页文稿在电脑台前摊开几个礼拜也没有被掀过去，译后边的部分时已经忘了同样的话前边是怎么表述的，思想与精力都难以集中。但是我仍然力求在一些基本的、关键的词汇上前后一致，译毕以后，又花了几个礼拜的时间集中通读，推敲若干张光直式的复合词汇的真义。这也算是一种操练，一种往事的重温吧。

此外，哈佛大学人类学系李润权博士费心复印本书原件并寄到北京，在此向他致谢！

1999. 11. 18